en marchant vers le bonheur

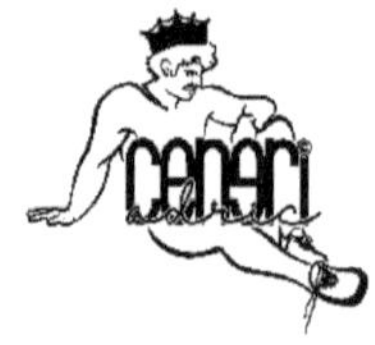

www.adricceneri.art

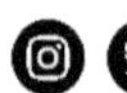 Adric Ceneri

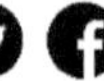 @adricceneri

Mise en page et conception graphique : Adric Ceneri
Illustrations et design de couverture : Adric Ceneri
Révision et correction : Adric Ceneri et Yareli Chávez

Imprimé aux États-Unis d'Amérique

en marchant vers le bonheur

poésie de

adric ceneri

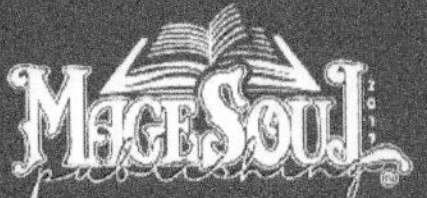

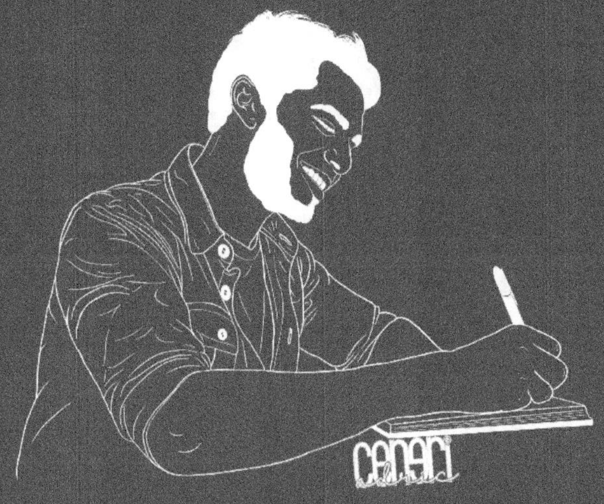

Cela fait déjà plusieurs années
depuis la publication de mon tout premier livre...

My Poetry:
Los Restos de un Humano

Les leçons de la vie m'ont façonné en l'écrivain que je
n'avais pas prévu de devenir, mais je suis heureux du
résultat.

Je suis profondément satisfait de mon parcours poétique,
et ce livre raconte l'histoire de ces dernières années...
de la période la plus sombre de mon existence
jusqu'à la plus lumineuse...
l'amour...

Je ressens une immense gratitude
envers la vie,
l'univers,
mes êtres chers.
Et bien sûr…
envers chaque être vivant de cette planète,
simplement pour exister.

Chaque matin, lorsque je me réveille,
je rends grâce pour le privilège de vivre…
et de pouvoir faire l'expérience de la vie
en aimant, jour après jour.

en marchant vers le bonheur

Un voyage d'une vie, de l'obscurité vers la lumière.

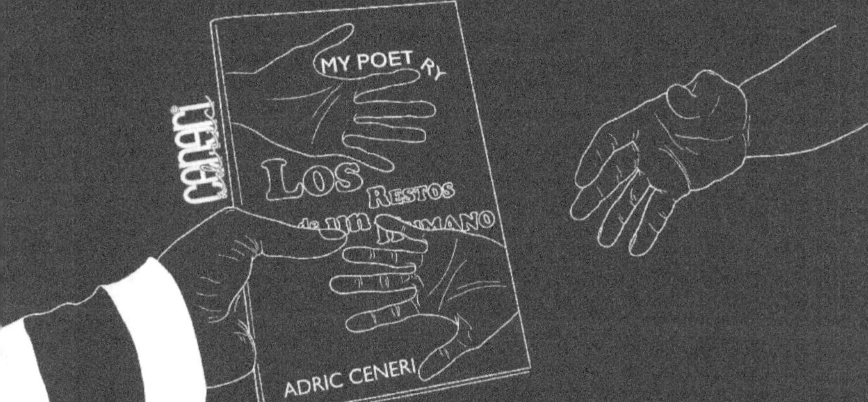

Ce livre est pour toi !

Pour avoir été la lumière d'espoir sur mon chemin.
Pour avoir pris ma main dans mes moments les plus difficiles ;
dans mes cauchemars nocturnes et mes nuits de tristesse,
pour avoir essuyé les larmes qui coulaient sur mes joues.
Pour avoir été là, pour me serrer fort dans tes bras
et m'avoir offert un amour
comme personne ne l'avait jamais fait.
Pour avoir tenté de comprendre ma douleur,
même lorsqu'elle était étrangère
à ce que tu pouvais ressentir.
Pour ne pas t'être éloigné de moi
lorsque je t'ai supplié de sortir de ma vie.
Pour avoir cru en un lendemain meilleur
quand les nuits devenaient trop sombres,
pour toujours veiller sur mes arrières.
Mille mercis, mon époux bien-aimé,
pour le temps que tu m'as offert,
pour le privilège de remplir mes poèmes de louanges.
Tu es l'être le plus important,
la personne la plus importante de toute ma vie.

Voici celui que j'étais avant ton entrée dans ma vie,
et la fin de ce livre ;
ce n'est que le commencement d'une nouvelle vie
avec toi à mes côtés…

Je t'aime avec chaque fragment de mon âme brisée !

Jesus Rubio, ce livre est pour toi !

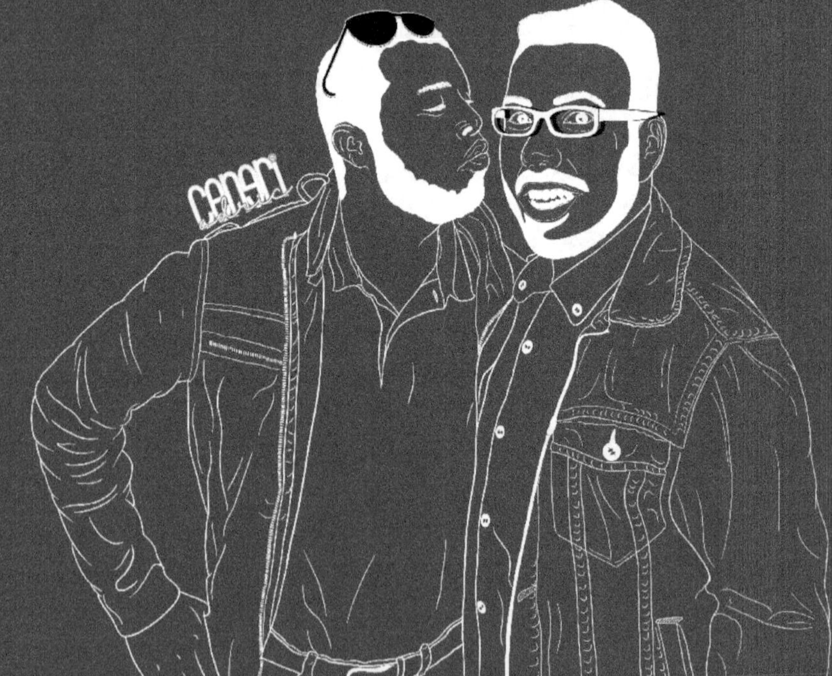

TABLE DES MATIÈRES

en marchant vers le bonheur
Un voyage d'une vie, de l'obscurité vers la lumière.

CHAPITRE I

OBSCURITÉ INTÉRIEURE

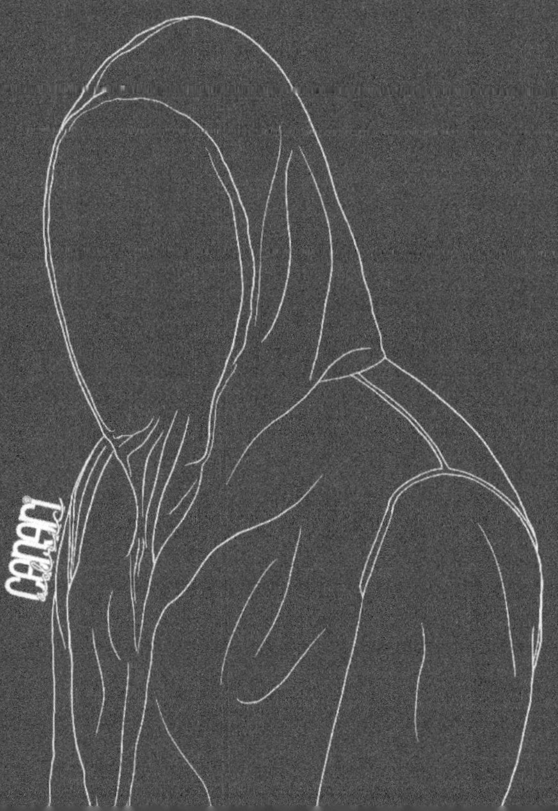

— BLESSURES

Si seulement tu savais
combien ta voix me fait mal,
si seulement je pouvais ignorer ce que tu dis…

Tu m'as éloigné de toi
quand tu as piétiné mes blessures.
Tu es resté sans moi,
et moi, l'âme vidée !

Tu es l'être humain qui m'a donné la vie,
mais le ressentiment que j'éprouve envers toi
ne s'efface pas.
Entre toi et moi, il n'y a que des blessures ;
des fissures profondes…
qui, même si je le voulais, ne se refermeraient pas.

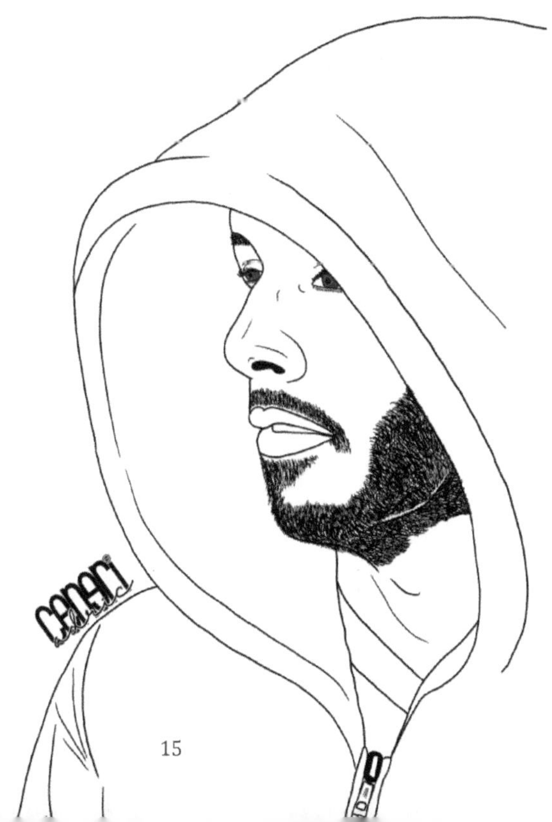

Tant de fois, je me suis promis
de te demander — et de me demander — pardon...
Des nuits froides et interminables,
abandonné dans mon coin.
Tant de fois j'ai attendu ton retour...
et il n'est jamais venu !
Pendant qu'on me condamnait pour être...
l'orphelin gay que je suis,
et que je n'ai jamais su changer,
malgré les mille et une fois où j'ai essayé.

Des récits bibliques qui m'ont rempli de terreur.
L'ignorance et la violence
qui m'ont privé d'un monde meilleur...
D'un endroit à l'autre, sans répit ni compassion !
Me demandant sans cesse...
si telle était la volonté de Dieu.

Je me sens si seul...
et rempli de rancœur !
Le temps n'a pas guéri
mes blessures profondes,
il n'a fait qu'accroître ma douleur...

Le temps a
fané ma joie...
et l'on m'a brisé
le cœur mille fois !

— SI TU AVAIS SU

Si tu avais su
les conséquences à venir…
peut-être aurais-tu agi
avec davantage de sagesse.

Je n'ai jamais compris,
mais je veux croire en toi sans amertume.
Croire que tu as agi en pensant…
au bien-être de tes enfants.

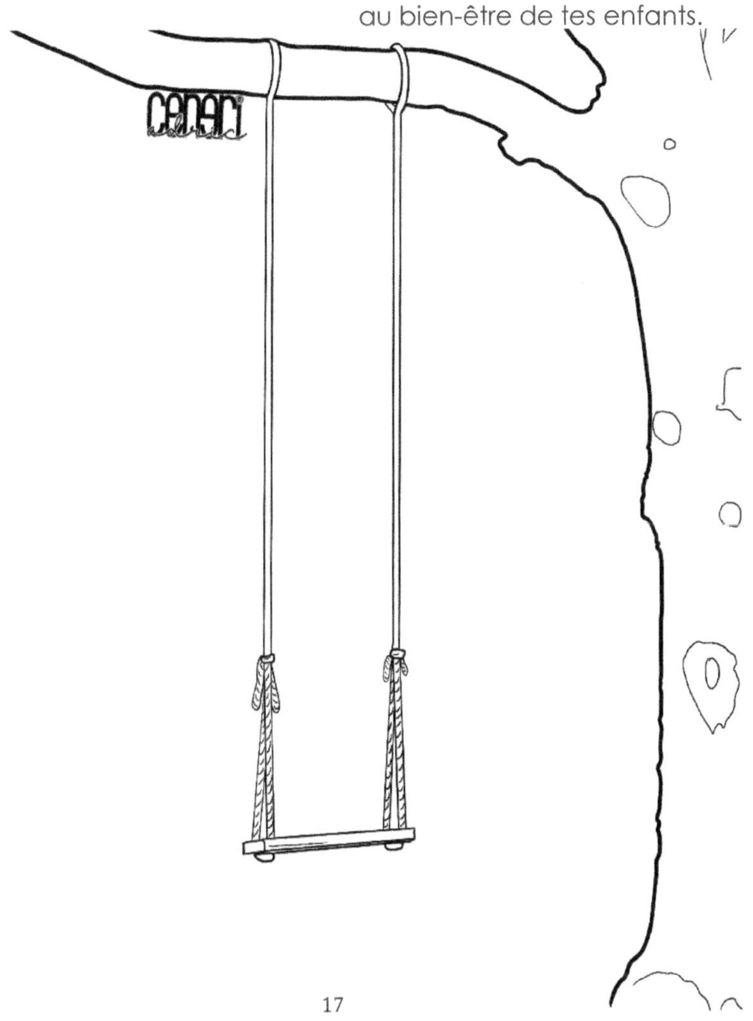

Je t'en ai voulu
de m'avoir abandonné,
te rendant toujours responsable
de ce qui m'est arrivé par le passé ;
te rendant toujours responsable
des insultes et des offenses ;
te rendant responsable, sans cesse,
des blessures qui m'ont marqué.
Te reprochant de ne pas avoir été là
quand j'avais le plus besoin de toi !
Depuis ton départ…
j'ai tout perdu et je suis resté empoisonné.

Quand tu es partie,
mon monde d'illusions s'est effondré.
Tu étais ma mère,
mon tout,
et tu es partie sans un adieu.
Alors que j'avais besoin de toi
pour me dire
que tout irait mieux.

J'avais besoin de ton amour,
de ta présence,
de tes bras.

Mais au lieu de cela, j'ai dû apprendre
à simplement me contenter
du silence glacé de ma douleur…
entre des murs froids, sans absolution.

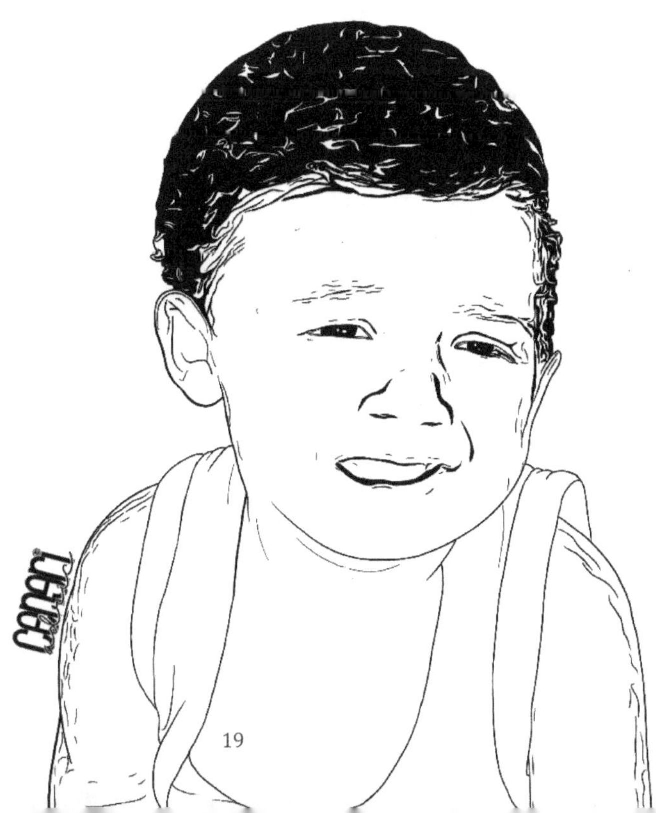

Je ne parviens pas à me souvenir
pourquoi tu m'as laissé ainsi.
Qu'ai-je fait
pour que tu t'éloignes de moi ?
Tant de fois, j'ai même pensé…
que la vie ne valait pas la peine d'être vécue.
Si ma propre mère m'avait abandonné,
qui voudrait du fardeau
qu'elle avait laissé derrière elle ?

En cherchant le pardon…
aujourd'hui, je me sens brisé de l'intérieur !
Je suis rempli de ressentiment,
et je te hais pour cela.
J'espère qu'en te disant « *je te pardonne* »,
cela nous aidera à avancer…
à recommencer
et à entamer une vie de joies.

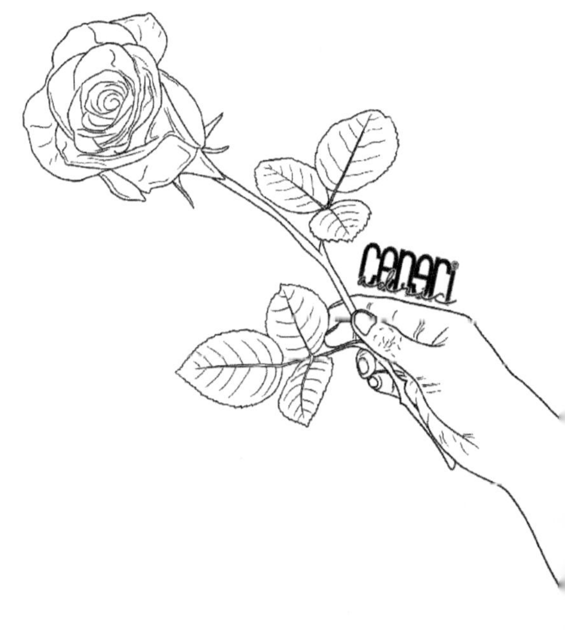

Je ne suis plus ce gamin
que tu as laissé blessé autrefois.
Je suis celui qui t'écrit aujourd'hui...
pour te dire : « *merci, maman* » !
Merci pour la vie que tu m'as donnée sans la prévoir ;
j'ai appris à être moi,
à être fort... pour atteindre mon bonheur.
Aujourd'hui, j'ai plus que jamais des raisons
de dépasser le passé sans me retourner...

— CE QUE JE N'ARRIVE PAS À ÉCRIRE

J'ai perdu, par une nuit pluvieuse,
l'envie d'aimer,
et j'ai noyé ma raison
sans hésiter…
J'ai perdu jusqu'à ce que je n'ai jamais eu,
cherchant à oublier…
Et je me suis livré
à la mort sans renier !

Des péchés consumés dans mon désir de mourir,
percez ma vie et détruisez mon sentir.
Péchés impurs, ne m'obligez plus à vivre ;
je ne fais que souffrir et payer
ce que je n'arrive pas à écrire.

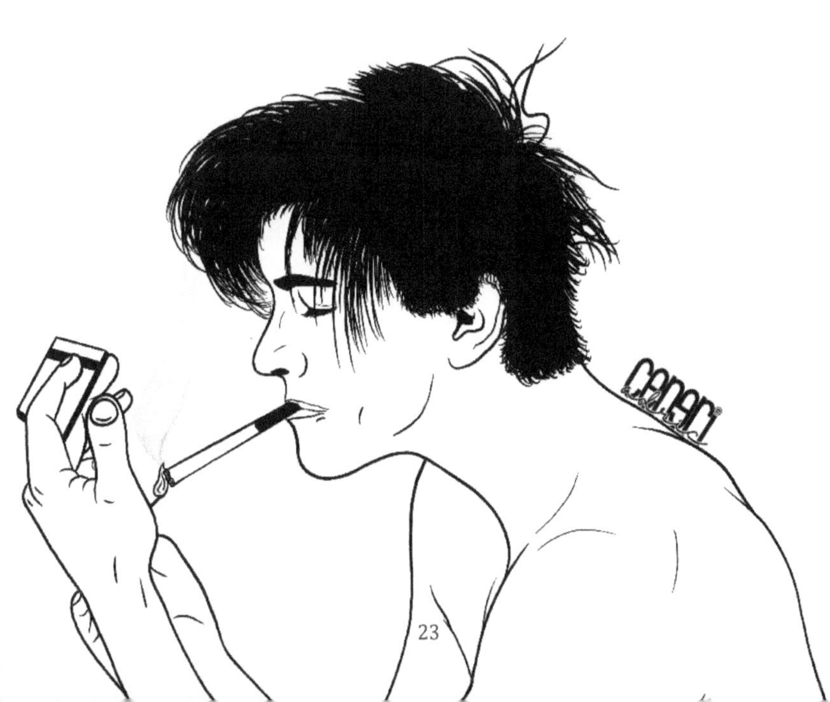

Au temps amer, je veux donner la mort,
le détruire entièrement — jusqu'à le voir s'en aller !
Je veux dormir et ne plus me réveiller,
pris au piège de mes dédains,
d'une solitude infinie…

Je ne suis rien d'autre que ce poète fou
qui veut dormir ;
je veux éteindre la lumière de mes yeux
et ne plus jamais les ouvrir.

J'ai tant vécu en si peu de temps
que je n'ai plus de raison de continuer…
Mon désir d'avancer s'est fané ainsi…

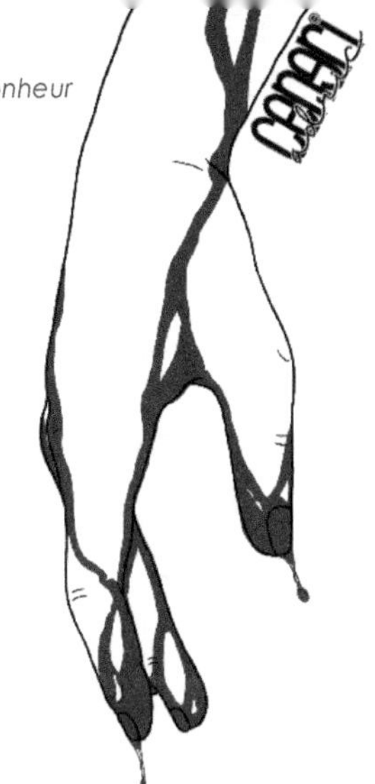

J'ai perdu toute mon âme
à lutter dans l'obscurité.
J'ai perdu l'espoir
dans mes doutes de changer.
Je marche, épuisé, dans une vie que je n'ai jamais
demandée !
Et je mourrai amer,
pour ne pas avoir été capable…

D'avoir laissé mes péchés
dominer mon existence,
d'avoir fui
comme un lâche.
De ne pas avoir été plus fort
et de n'avoir pas lutté pour être heureux.
D'avoir été si faible
au point de laisser couler mon sang…

Le temps éternel
a empoisonné ma raison.
Il a corrompu mon âme
sans aucun remède possible pour revenir en arrière.

Je ne veux plus vivre
en étant celui que je suis à chaque réveil.
Je vis prisonnier de mes peurs,
qui grandissent toujours davantage.

Je ne suis même plus l'ombre de ce que j'étais,
et je suis prêt à partir.
Je veux disparaître complètement…
et ne plus jamais renaître.
J'ai tant vécu en si peu de temps
que je ne porte plus que douleur,
haine et souffrance
qui me consument.

Il ne me reste plus
le désir de vivre,
une vie que je n'ai jamais demandée !

— DANS LE VIDE

Désespéré, je fuis en courant loin de toi,
m'éloignant de tout
en quoi j'avais cru autrefois.

Tu m'as condamné,
par ton ego, à ne pas vivre,
pris au piège de la peur
face à ton emprise.

Tu as dépouillé mon âme
et m'as jeté dans le vide.
Tu m'as rempli de haine,
achevé par ton froid.
Il ne me reste plus
que ce cœur fané,
et le souvenir de tes baisers
qui ne sont plus miens !

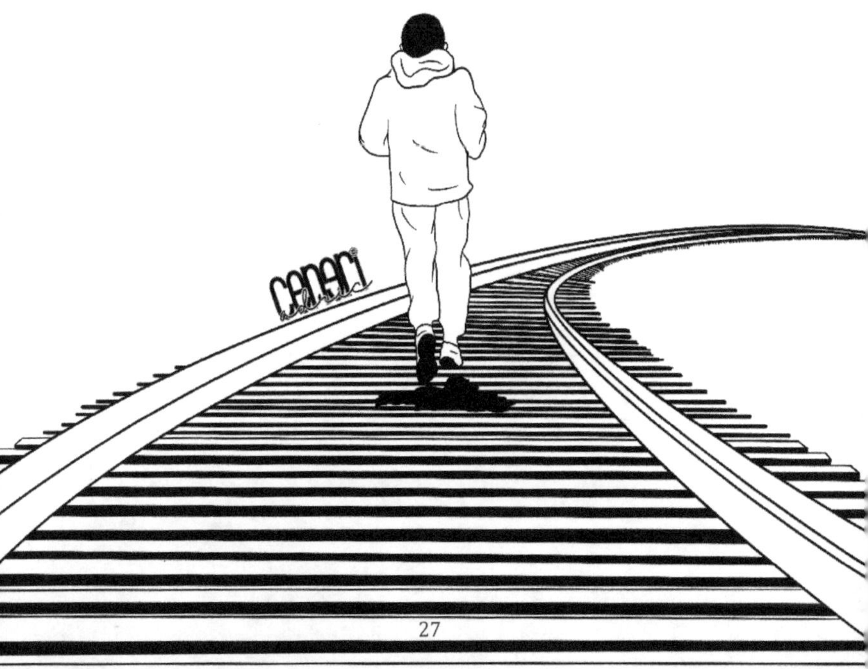

Mon orgueil s'est libéré de toi,
aujourd'hui que j'ai décidé
de ne plus te suivre.
J'ai compris
que tu ne sais que blesser,
que tu n'as jamais compris
la valeur de mon amour...

Aujourd'hui que je quitte ta présence,
ma voix murmure
que je n'ai jamais eu ton amour...
Et dans le vent, chaque expérience,
chaque instant infime
qui m'a rempli de douleur !

Aujourd'hui que je descends
de ton étrier,
c'est moi qui crie à haute voix
et pleure de douleur.
C'est moi qui te maudis
mille fois,
et, en te souhaitant la mort,
je t'offre mon ressentiment.

Entre mes dents, il y a des mots
que je ne veux même pas dire.
Mon âme est blessée,
j'ai tant de douleur qu'elle refuse de partir.

Désespéré, je fuis loin de toi,
avide de créer un avenir heureux.
Tu m'as condamné
à vivre sous ton joug,
et aujourd'hui, c'est moi qui te condamne :
à notre avenir vide,
à vivre des souvenirs que je t'ai donnés !
À te rappeler ces moments
que tu ne revivras jamais…

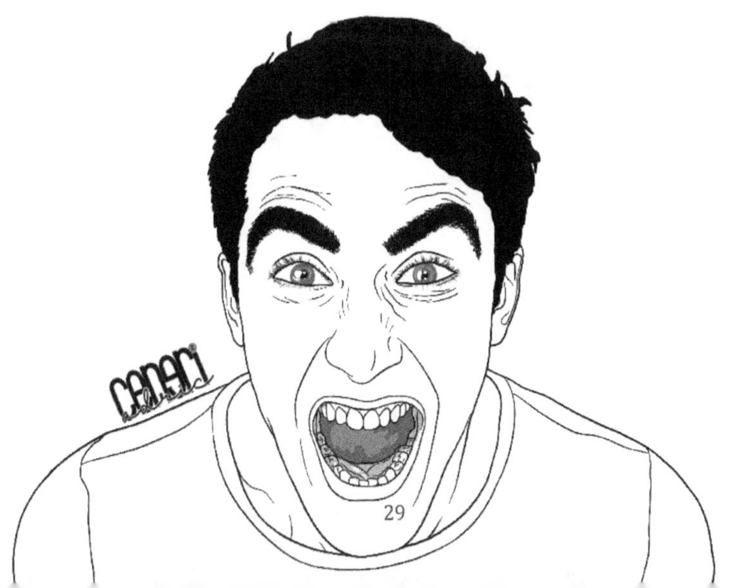

— LIBRE

Pendant des années entières, j'ai marché
absent de moi-même.
À la recherche de ce quelque chose
qui peut-être n'a jamais existé.
J'ai peur,
je dois l'admettre.
Peur de perdre mes repères,
terreur de devenir
l'obscurité de mon propre oubli.
Celui que j'ai enfermé
et qui s'échappe, furieux !

Je suis fatigué des mensonges…
créés par mes propres raisons.
Mes mensonges me trahissent,
je perds mon chemin.
La patience m'abandonne,
me laissant seul, au moment même
où j'avais le plus besoin d'elle.
Elle s'en va, effrayée…
terrifiée par mon obscurité intérieure,
qui pèse de plus en plus à chaque battement.

Même moi,
je ne pourrais blâmer sa peur cachée.
Moi,
qui suis en train de perdre les qualités
qui faisaient de moi quelqu'un de différent.

L'obscurité de mon âme
s'empare de mes sens ;
et il n'y a pas assez d'espace…
pour que nous survivions tous deux au conflit.

Je perds mes forces,
et lui se libérera de son supplice.
Je suis prêt pour ma fin…
prêt à brûler dans le froid !
J'ai attendu l'apocalypse
dans la lumière que j'ai volée au soulagement.
Et je mérite ce qui arrive,
je connais trop bien les péchés que j'ai commis.

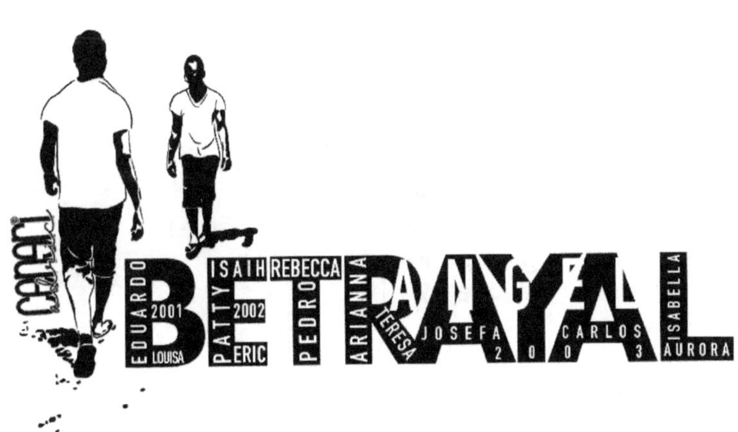

Moi, qui ai été
l'une de ses créations,
je l'ai trompé et je lui ai volé son destin.
Il vient réclamer sa vengeance,
après des années entières dans l'abîme.
Lui, à qui j'ai volé la vie
et la volonté, par mon égoïsme.

Mais il a grandi fort,
et il ne pardonnera pas mes excuses vides de sens.
Il me détruira entièrement
pour l'avoir brisé.
Je mérite la destruction,
et lui a besoin d'assouvir sa haine enflammée !

D'une certaine façon, j'ai peur…
de périr sans laisser ceci écrit.
Sans dire combien je regrette
d'avoir commis l'inconcevable !
Je sais qu'il ne pourra jamais croire
à mes raisons…
Mais c'est moi… qui nous ai sauvés tous les deux
de nous-mêmes…

La haine me fatigue,
celle que je porte cachée au plus profond de moi.
Je ne sais pas comment la relâcher,
et je ne peux pas non plus résister au délire !
Pendant si longtemps, je l'ai enfermée
entre les murs de mes péchés furtifs,
si longtemps inquiet…
Et dans ma fin,
c'est moi qui me libère du supplice…

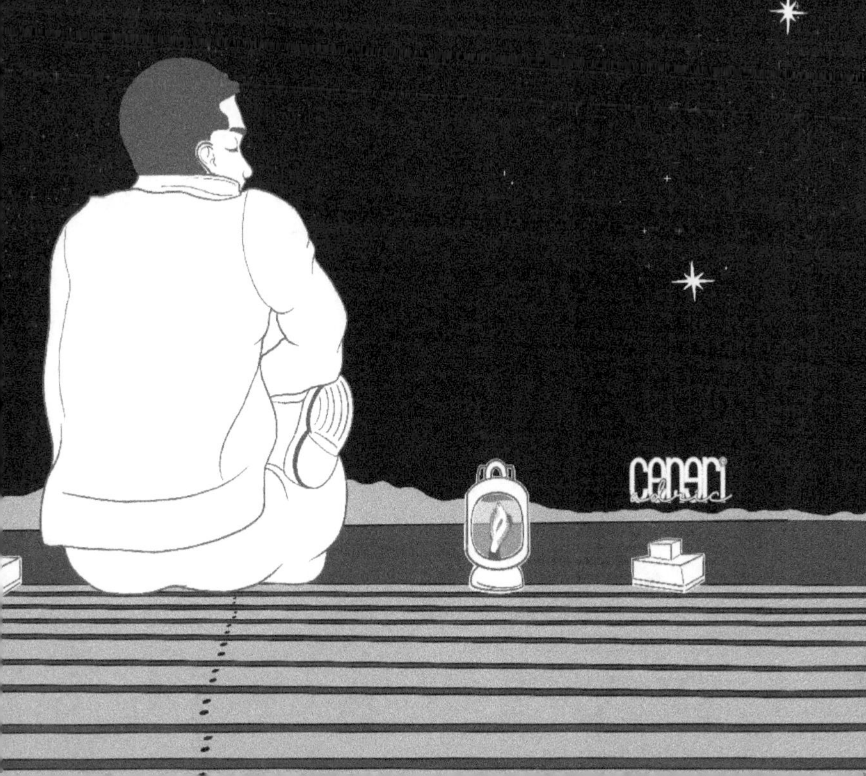

— INSATISFAIT AU FOND DE MOI

Ce n'est pas à cause de toi
si je suis ainsi.
C'est à cause de ma vie creuse
et de mes années stériles.
Je suis sincèrement heureux de t'avoir à mes côtés,
mais je n'arrive toujours pas à comprendre…
pourquoi je me sens encore incomplet et vide.

Pourquoi, lorsque j'obtiens ce que je désire,
cela ne me suffit plus
et que j'en jouis moins ?
Pourquoi est-ce que, plus j'ai,
moins cela m'importe,
au point de préférer tout perdre ?

J'ai l'impression d'être forcé de choisir...
entre nous et mes ambitions.
Je me sens acculé,
incapable de trouver la sortie.
Je ne suis vraiment moi-même qu'avec toi,
et sans toi je me perds totalement.
Je comprends que je dois changer,
pour éviter la chute.

Crois-moi, je sais qu'il y a tant de choses à faire,
mais le temps, cet ennemi, refuse de me comprendre.
Je sais aussi que je n'aime pas être seul ;
la solitude m'oblige à me souvenir
de mon enfance douloureuse.
Crois-moi, je veux oublier,
je veux tout effacer.
Je veux fuir loin de mon passé,
par n'importe quel moyen.

Mon cœur rebelle
veut retrouver sa liberté.
Il se bat férocement contre ma raison,
la part sage de ma pensée.
Mes pensées et mes sentiments
ne sont qu'un chaos absolu !

Je suis insatisfait au fond de moi,
et je ne comprends pas pourquoi,
alors que tu es là, à mes côtés !

Je me sens si vide,
et j'ai l'impression de ne jamais pouvoir être comblé,
et je sais pertinemment que la faute revient à ma faiblesse.

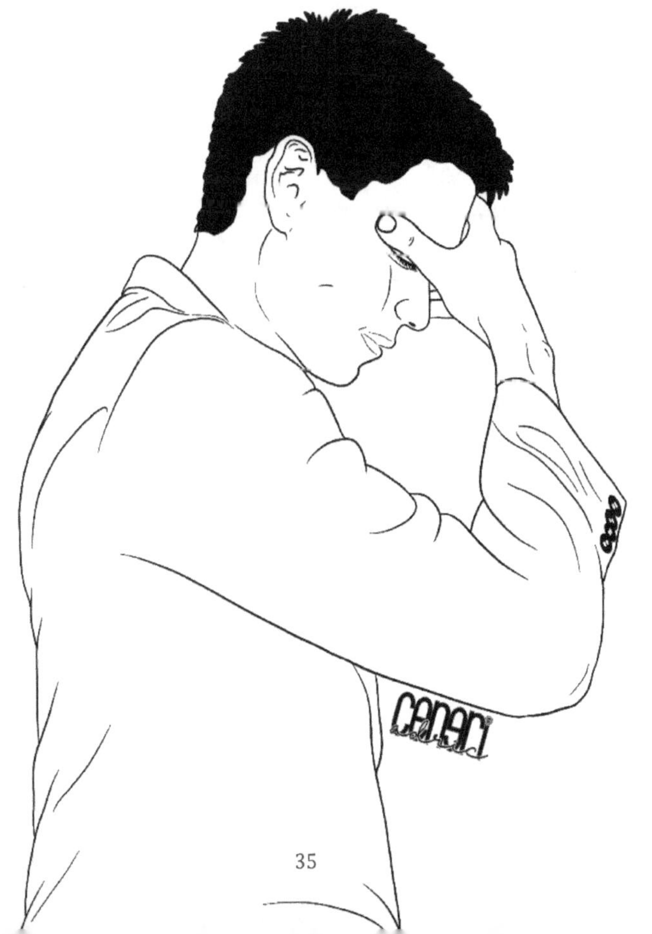

Je sens les fissures
de mon cœur brisé.
Je vois que je ne sais rien
de ton monde sans visage.
Mais mon âme serait meurtrie…
si j'essayais de t'abandonner.
Je ne suis qu'un enfant
qui, sans toi, n'est plus rien.

Je m'éloignerai de toi…
sur-le-champ.
Je te donnerai ce dont tu as besoin
pour satisfaire tes désirs éphémères.
Je me donnerai ce que je veux
pour me sentir admiré, aimé, important.
Je nous accorderai du temps
pour devenir meilleurs que ce feu dévorant.

Pardonne-moi si je ne suis plus celui
qui t'accompagnait autrefois dans ta vie…
ce n'est plus moi.
Non.
Pas à ce que je me souvienne.
Pardonne-moi de te le dire ainsi ;
mais il vaut mieux que tu saches que je ne t'ai jamais menti.
Tu dois comprendre
que j'adore être avec toi,
que tout m'est plus doux quand tu es à mes côtés,
même nos disputes absurdes.
Et je veux que tu saches que je suis toujours là, avec toi,
que je ne franchirai pas cette porte…
si tu ne viens pas avec moi !

— UN AVENIR VAIN

Je pars en lâche,
lâche en fuyant.
Mon âme me fait mal,
j'ai l'impression de mourir.
Sans mes grimaces, ma voix s'est éteinte…
je ne peux plus rire.
Ma chance est morte,
dans ce silence, je m'endors.

Dans ma chance condamnée,
aujourd'hui, je ne suis qu'un malheureux.

Me couper les veines !
Non.
Cela ne m'aide pas à survivre.
Les mots me fatiguent,
cette écriture m'a épuisé.

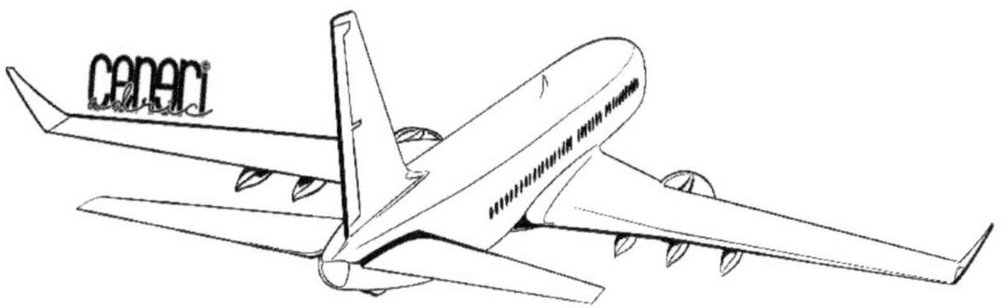

Je ne suis que l'échec du siècle…
le reste,
d'un avenir vain.

Mes étoiles se sont asséchées,
mon ressenti s'est figé…
Je ne veux plus rien ressentir !

Mon Dieu, éloigne-moi d'ici !

Ah, et s'il te plaît, n'oublie pas !…

Dis-leur que je suis en voyage ;
dis que je suis parti à Paris !
Dis-leur que tu ne connais pas la date de mon retour,
au cas où ils demanderaient après moi…

— MYTHOMANIE

En analysant ma vie… je n'y vois que des mensonges.
Mon âme se perd,
consumée par les lamentations de ma vanité…

La culpabilité palpite dans mon cœur,
née de cette addiction insensée, irrationnelle.
Ces tromperies me dévorent l'existence,
et à ce point-là, je ne sais plus comment m'arrêter.

Aujourd'hui, je pourrais presque marchander ma
mythomanie,
la céder au plus offrant.
Mes pensées troublées me poussent,
m'entraînent…
et je voudrais faire taire ce délire,
mettre fin à cette torture intérieure.

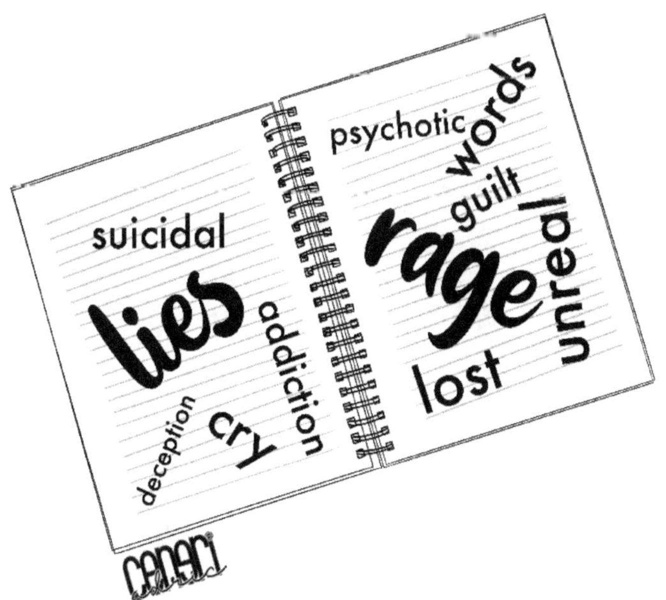

Mes mots
avancent escortés de mensonges.
Ils sont le bouclier de ma peur de la vérité.
Ce sont des années de peur
déguisées en ironies,
tentant de dissimuler
ce que je refuse encore d'affronter.

Je veux voyager…
dans les récits les plus égarés,
et noyer mon courage
pour enfin trouver le repos.

Je porte dans l'âme des tonnes de colère,
qui, à force d'amertume,
finissent par m'empoisonner.

Je veux me servir
de la douleur qui me traverse,
et, dans un breuvage imaginaire,
apaiser mon esprit épuisé.

Je veux me perdre
dans un abîme de brume obscure,
là où je pourrais rester
seul, dans le silence et l'ombre.

Je veux en finir
avec cette maudite agonie,
et, dans l'enfer même de mon esprit,
effacer…
jusqu'à la dernière de mes illusions,
pour retrouver
l'amour de moi-même
et cesser de pleurer.

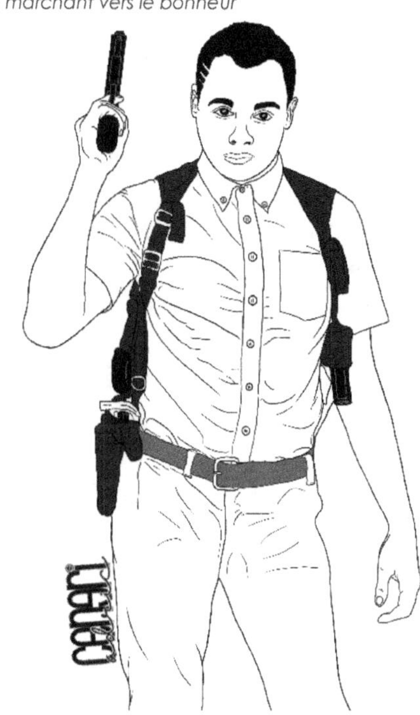

Je rêve d'un sommeil profond,
d'un effacement sans violence.
Quand mon corps se tait,
je disparais de mes propres cris.
C'est là que je quitte enfin cette vie étouffante,
cette lutte incessante
contre ma propre chair.

Là où je pourrais oser
déposer les armes,
laisser mon cœur se reposer
et ralentir ses battements.
Je veux mettre fin
à cette amertume inquiète,
détruire le goût persistant
de ma fragilité.

Aujourd'hui,
je me penche
au bord
de mes fantasmes,
alors que mon propre poison intérieur
me condamne
à l'irréel...

À présent, il ne reste plus
de mots rimés.
Je m'éloigne vers l'oubli,
non pour disparaître,
mais pour ne plus être prisonnier de ce que j'étais.

— MÉTANOÏA

Cette fois,
je laisse à mon cœur
le droit de s'éteindre, blessé.
Je laisserai la raison l'emporter
sur le tumulte de la douleur.

Car je me suis lassé
de la peine
que l'amour m'a infligée.
Et, dans une métanoïa teintée de trahison,
je dessécherai ce qui m'entravait.

Je trahirai mes élans,
pour devenir
celui que j'ai toujours voulu être,
et je bâtirai mon avenir
avec ce que j'arrache au destin.

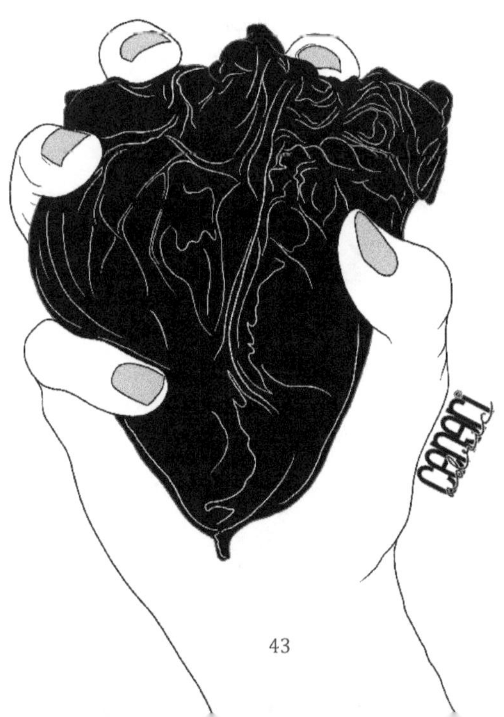

J'effacerai chaque trace en moi,
et je deviendrai un autre.
Je serai moi, sans remords,
et je ne souffrirai plus de mes sentiments.

Je ne laisserai plus jamais
qu'on me vole mes rêves.
Je n'ouvrirai plus ma vie
sans que l'on en mesure le prix.

Il me faudra du temps pour croire à nouveau ;
des années passeront avant la confiance.
Je vis avec le regret,
mais je sais désormais transformer ma colère.
Je ne donnerai aucune chance à l'échec,
je ne le laisserai plus me suivre ;
je le laisserai s'éteindre,
englouti par mes doutes,
au crépuscule.

Je libérerai mon esprit,
transmuant ce qui m'empoisonnait.
Je traverserai mes enfers intérieurs
pour échanger mes rêves
contre le destin que je choisis.

La vérité ne me gouverne plus ;
aujourd'hui,
je façonne mes récits
comme on forge une armure.

Et, une fois encore,
j'affronterai
mes démons intérieurs.

Je dissiperai
chaque doute en moi,
et, tel l'oiseau de feu,
je renaîtrai.

Je n'échouerai plus
à cette tentative ;
aujourd'hui, j'ai le pouvoir
d'obtenir ce que je veux.

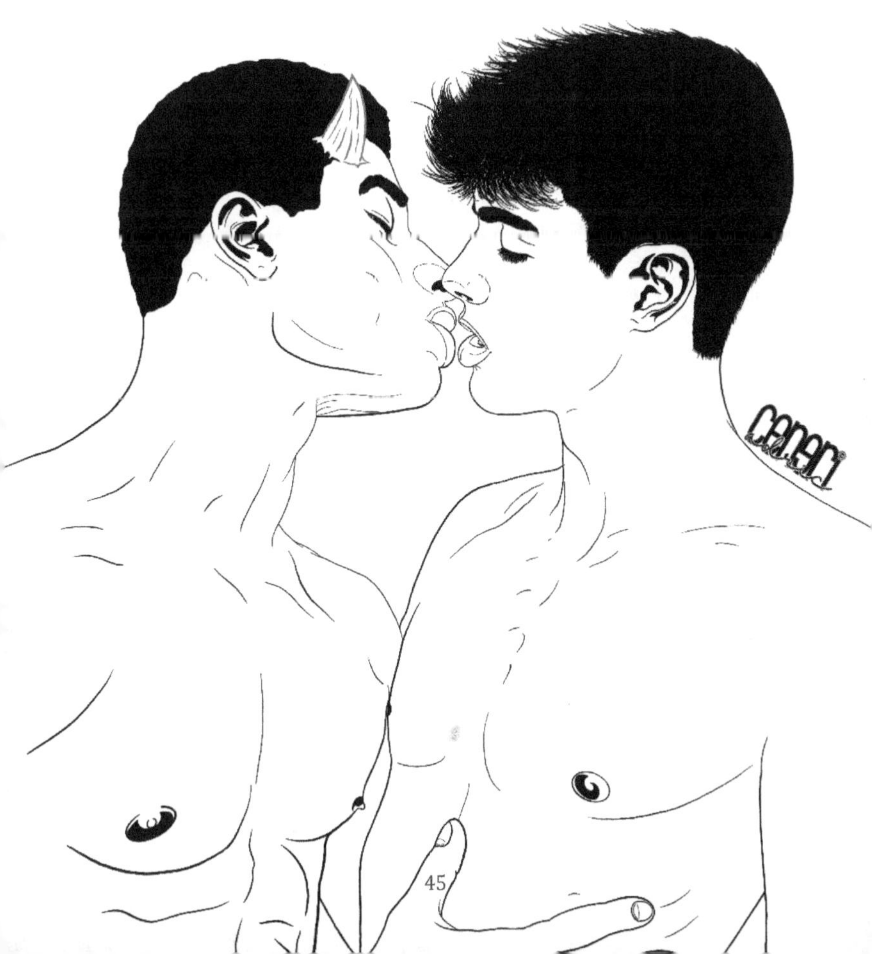

— ÂME ANCIENNE

Parmi des sentiers de confusion
que j'ai traversés et partagés…
l'éternité et moi.
Ensemble, nous avons porté
le poids d'une immortalité condamnée.

Aujourd'hui, il ne reste plus de dieux vivants.
Je m'en souviens.
Oui.
J'ai vu s'éteindre
les dieux de l'Olympe.

Des divinités célestes
qui se battaient pour une liberté immense.
Leurs enfants mortels
ne sont plus que l'écho
d'actes dévoyés.
Je voudrais effacer de ma mémoire
ces souvenirs trop lourds.
Je voudrais déposer cette fatigue ancienne
et laisser ma misère
se dissoudre dans la lumière.

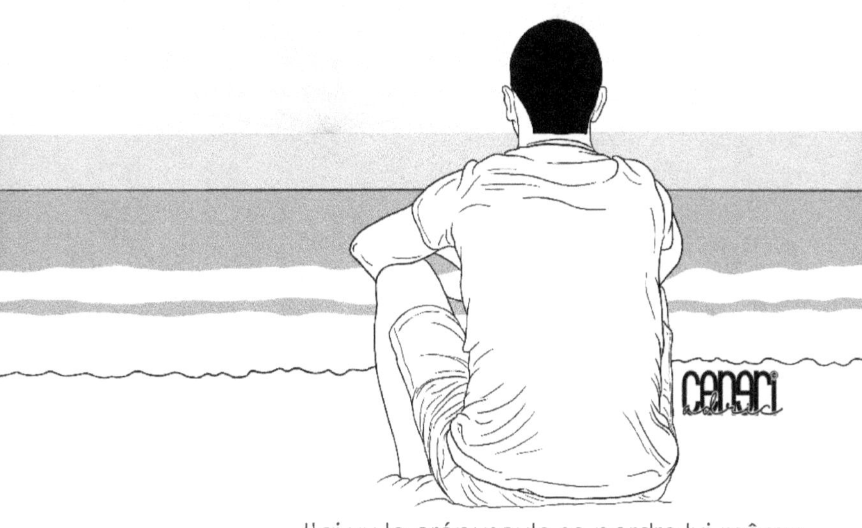

J'ai vu le crépuscule se perdre lui-même
au bord de la mer.
Chaque nuit, je ressens ce fardeau
qui étouffe ma paix.

De ce qui fut dit et accompli,
il ne me reste que
des aveux de culpabilité.
Pour cela, et pour tant d'autres choses,
j'aspire à m'effacer un instant,
à ne plus être
que silence.

Les cieux sont trop solitaires.
Les prières et les supplications trop nombreuses.
Les humains continuent de demander
miséricorde au Seigneur.
Et je suis celui qui demeure,
celui qui tente de ne plus absorber leur douleur.

Je suis simplement fatigué
de l'égoïsme humain.
Je ne suis rien d'autre
qu'une âme ancienne
d'un siècle païen,
traversant le temps sans fin,
accumulant des calvaires.

Je ne peux plus ignorer
la faute qui accompagne la condition mortelle.
Mais je ne suis pas celui
qui réécrira le passé de l'Histoire.

Je suis celui qui se retirera
jusqu'à retrouver la clarté.
Lorsque je reprendrai le contrôle,
peut-être alors
pourrai-je veiller sur ce monde.

— À L'AUBE

Ainsi…
comme en cette belle aube,
quand la nuit n'est plus tout à fait obscure
et que le jour n'embrase pas encore l'horizon.

Dans ce lever du jour, entre bleu et orange,
cet instant fragile où naît l'aurore,
lorsque la solitude et la peur me saisissent.

C'est alors que je sens mon âme vaciller,
que je remets tout au vertige de l'ombre,
jusqu'à me dissoudre dans le rien.
Jusqu'à sentir la vie me tourner le dos,
jusqu'à percevoir comment, peu à peu,
ma flamme intérieure s'affaiblit.

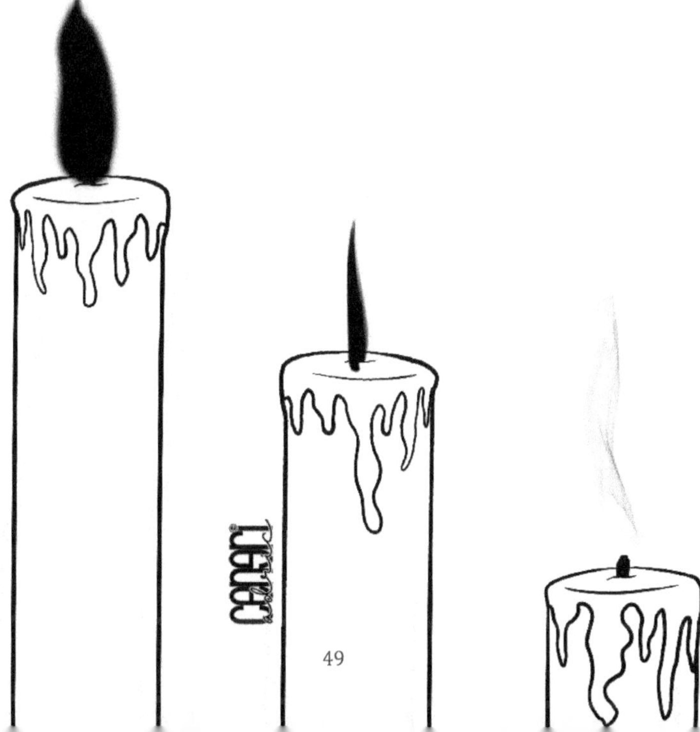

C'est alors que me reviennent
mes errances terrestres,
tous ces instants
de désir et de passion obstinée...

Les mille et une nuits,
sur tant d'oreillers différents,
les mille et une histoires
d'amants avec qui
j'ai partagé l'intimité.

C'est alors que je me souviens
de toutes ces paroles,
de tous ces conseils ignorés,
laissés s'échapper sans retour...

Les mille et une erreurs commises
par négligence et orgueil,
les mille et un reproches étouffés
par une conscience fissurée...

Comme aujourd'hui,
en pleine aube,
lorsque le silence s'empare des mots,
et que la paix
n'est plus qu'un conte irréel.

Dans cet instant où j'ai abandonné l'espérance,
où j'ai troqué l'amour
contre une passion aveugle,
l'instant même où je me suis éloigné
de ce qui fut jadis mon refuge...

C'est alors que je comprends
que je ne saurai pas me pardonner,
que mon désir fut mon propre châtiment,
et que mon orgueil blessé
ne trouvera jamais de remède.

Je n'oublierai jamais
ce que toi et moi avons été.

C'est alors que je vois
que je l'ai mérité,
que je n'aurais jamais dû
croire à tes illusions
qui m'ouvrent aujourd'hui un gouffre.
Les mots de ta bouche
qui me poussent vers le vide,
la sentence de l'existence
qui me retient dans l'oubli.

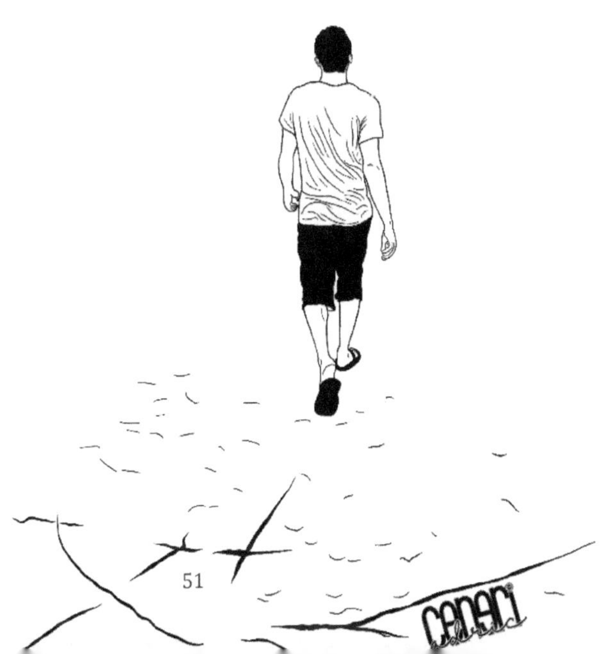

C'est alors que j'avance dans le monde sans raison,
que je perds jusqu'au souffle
qui me maintenait debout,
que je revois les mille et une trahisons
qui m'ont précipité dans l'abîme,
et que je reconnais enfin
que j'ai été coupable
de ne pas être resté moi-même...

Ainsi se tait la flamme en moi,
quand mes innombrables tristesses
et mes échecs répétés
pèsent sur mon âme.

Ainsi vient le repos,
non comme une fin,
mais comme un effacement intérieur,
pour oublier ton regard,
dans cette aube précieuse,
au moment où je sens
que mon cœur,
lentement,
ralentit...

— SOUFFLE DE MON CŒUR

Souffle de mon cœur,
je t'en prie, ne m'emporte pas tout entier.
Résiste encore un peu,
ne me laisse pas dériver.

Souffle de mon cœur,
j'ai peur de manquer de temps ;
peur de partir
sans laisser de trace,
peur de m'éloigner…
au-delà
des ténèbres.

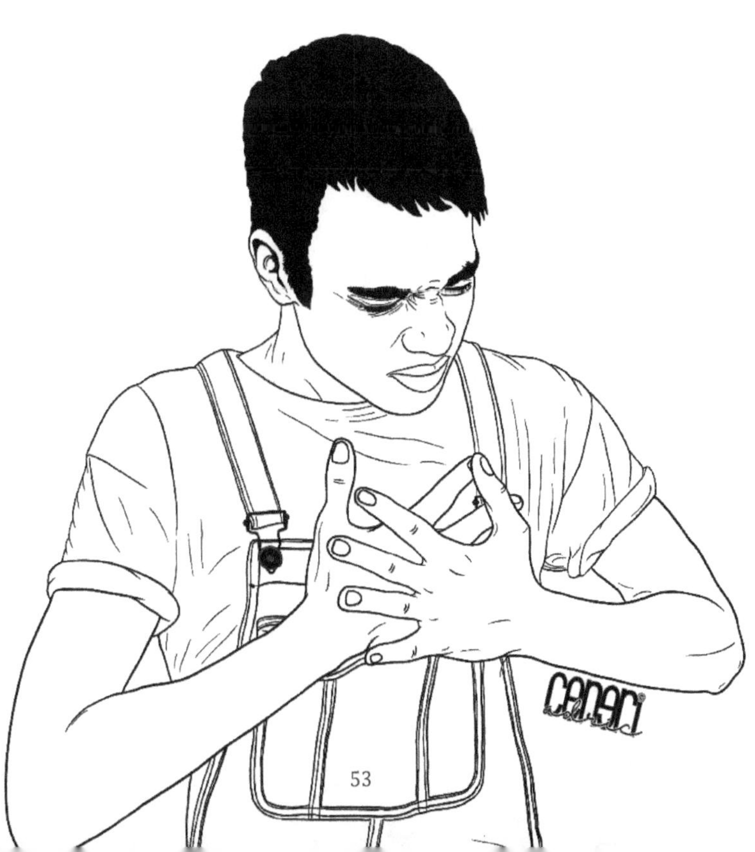

Souffle de mon cœur,
ma vie n'a souvent été
qu'une tentative vaine.
J'ai voulu oublier,
effacer ce qui fut ;
mais il est déjà trop tard…
et je vacille au bord du silence.

Si j'ai tant vécu dans l'irréel,
comment pourrais-je pardonner mes illusions ?
Je ne pardonnerai jamais au temps de m'avoir éprouvé,
ni même à l'ombre
d'avoir tenté de m'éteindre…

Souffle de mon cœur,
je n'ai jamais été
entièrement pur.

Je me souviens que toi et moi
ne faisions qu'un.
Je t'ai oublié…
et tu t'es effacé de mon monde.

Et maintenant tu reviens,
plus intense que jamais,
comme si me briser
était une décision lucide.

La seule chose que je puisse te dire,
c'est que je me rends en septembre,
au cœur de l'automne,
là où, avec les feuilles,
mon âme se dépouille.

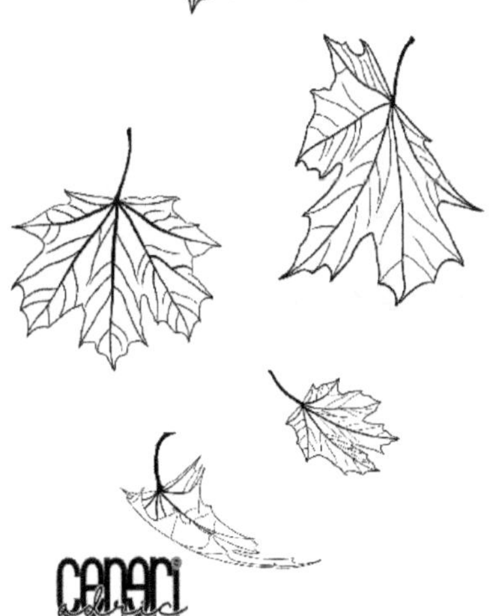

Souffle de mon cœur,
de toi je n'ai appris que la douleur.
Mais je veux croire
que rien n'a été inutile,
car j'ai su, malgré tout,
goûter à mes années.

Souffle de mon cœur,
comment oublier qui tu es ;
ce temps de 87,
à la fin de décembre,
ces jours où toi et moi
grandissions dans le même refuge.

Quand es-tu devenu
mon adversaire ?
Pourquoi reviens-tu aujourd'hui
comme une épreuve,
comme un châtiment ?

Souffle de mon cœur,
j'ai perdu confiance en moi.
Déleste-moi de ce poids,
j'ai laissé s'éteindre l'espérance
et mes raisons.

Apaise-moi sans violence,
hâte le silence intérieur...
car cette souffrance me traverse
et m'épuise.

— LA VISITE

La dame vêtue de noir
m'a toujours rendu visite.
Sortie de nulle part, à chaque instant,
elle surgissait, silencieuse.

Depuis mon enfance,
elle a voulu m'emmener,
sans jamais y parvenir.
Elle a continué d'essayer
jusqu'à aujourd'hui,
où j'ai enfin cessé de lutter.

Tant de choses ont traversé ma vie,
de la naissance à cet instant,
tant de moments dont la douleur demeure encore.

Je porte en moi tant d'injustices
qu'elles ont nourri l'amertume.
Et je n'ai jamais oublié le poison discret
de sa voix douce et froide.

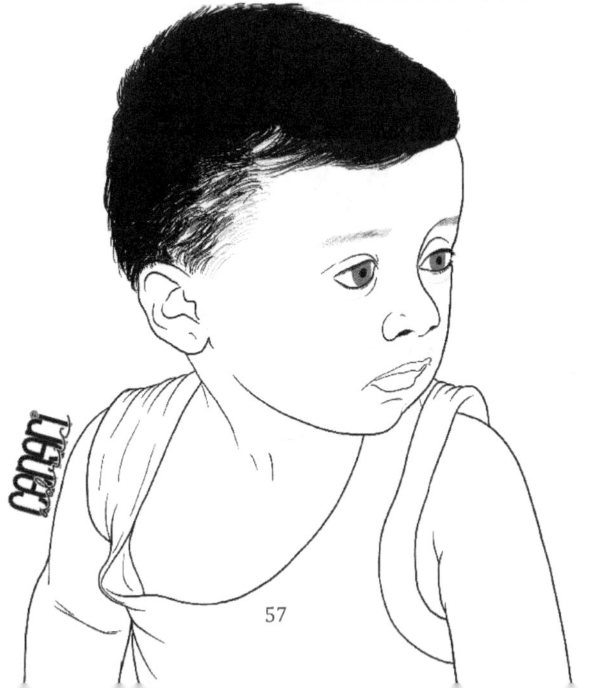

Tant de fois, j'ai réussi
à m'échapper de son coin d'ombre.
Toutes ces courses
que je lui ai gagnées par ma vitesse.

Toujours à l'affût, cherchant à m'emporter,
sans jamais y parvenir.
Toujours insistante ;
mais mon combat pour la vie
s'est transformé.

Je ne ressens ni envie ni colère
face à ce qui m'a été donné.
Je ne ressens qu'un immense vide
au fond de mon cœur.

Aujourd'hui, je peux dire
que ma volonté m'a toujours appartenu.
Aujourd'hui, je peux sourire doucement
en sachant que je m'éloigne.

La visite de cette dame
ne fait que confirmer mon adieu.
Elle arrive sèche et froide,
au milieu de larmes sans absolution.

La visite de cette ombre
n'a été ni la meilleure ni la pire ;
mais avec moi, je garde bien présente
une étrange sérénité mêlée de trahison.

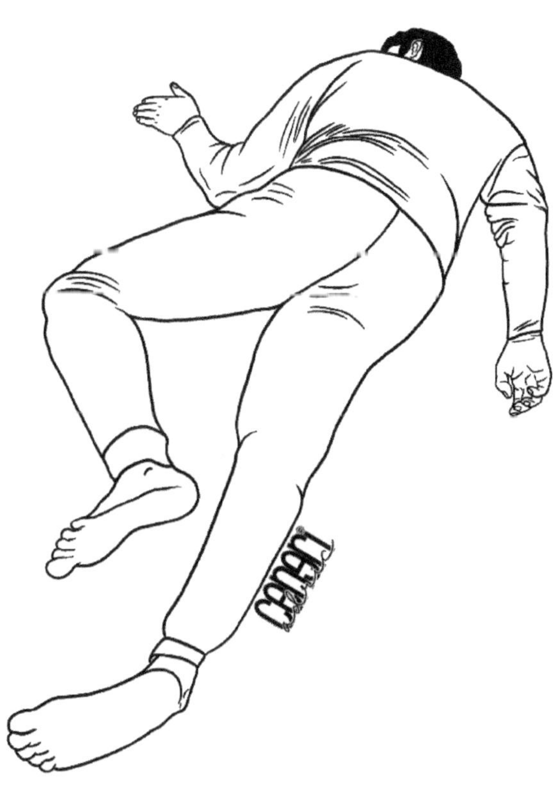

J'emporte mes erreurs,
enveloppées de douleur,
l'une d'entre elles
m'ayant jeté à terre.

J'emporte mes fautes furtives,
chargées de déception ;
et l'une d'elles m'a contraint
à perdre la clarté…

Elle m'a forcé
à ne plus lutter
comme je le faisais autrefois,
sans peur…

CHAPITRE II

DÉSIRS ET LUXURE

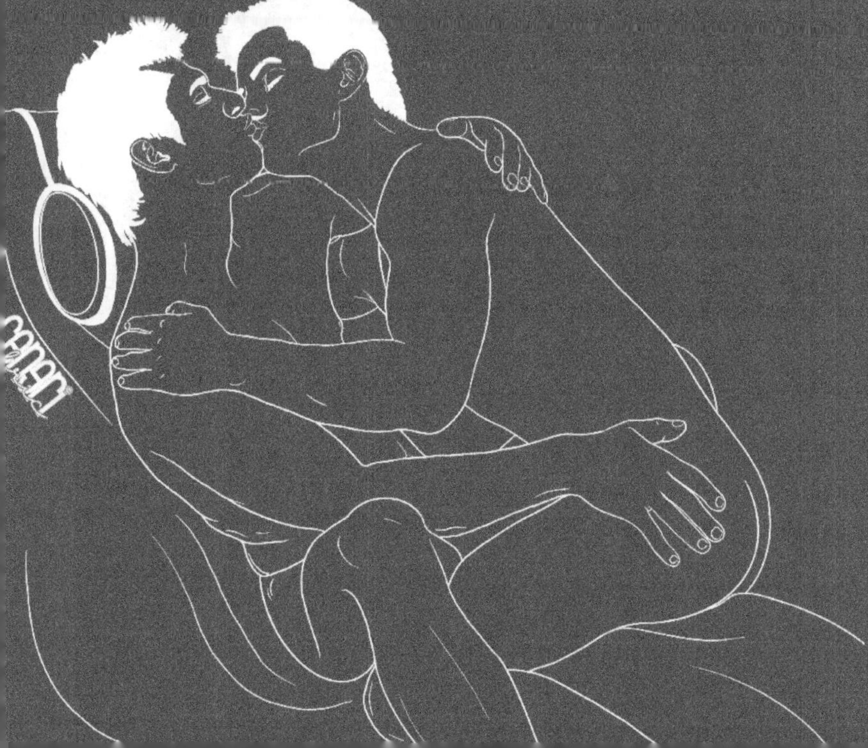

— MES AMOURS CLANDESTINES

Dans ma vie, j'ai connu mille amours ;
certains furent de passage,
d'autres profondément chargés d'émotion.
Mais quelques-uns m'ont appris la brûlure d'une douleur
que je n'ai jamais vraiment su apaiser.

Chaque instant, chaque expérience,
fait aujourd'hui partie de l'être que je suis devenu.

J'ai exploré chaque parcelle de mon corps
sans penser à rien d'autre
qu'à l'instant présent,
à la sensation douce et intense
de désirs insatiables réclamant toujours plus de passion.

Mille fois, j'ai envoyé l'amour au diable
et je me suis accroché à la luxure par dépit,
étouffant chaque émotion
que mon cœur tentait encore de ressentir.

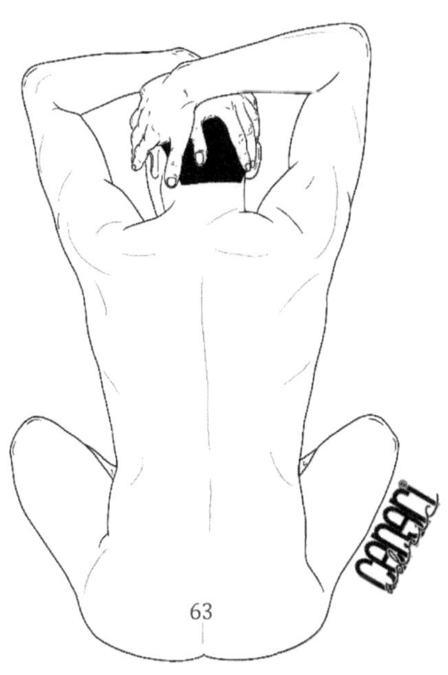

Ce fut la douleur et la désillusion
qui m'ont poussé vers l'interdit.
Mon amertume et mon ressentiment,
le point de départ de mes fautes secrètes…
Et j'ai joué avec mes désirs

jusqu'à perdre le chemin.

Je n'aurais jamais imaginé arriver là,
encore moins écrire mes sacrilèges.
Mais je ne cherche plus de solution.
Les gens jugeront toujours ;
c'est dans leur nature…

Aujourd'hui, j'accepte mon âme sombre.

Je veux être celui
qui choisit d'effacer les raisons.
Je veux être celui
qui décide de frôler l'interdit ;
celui qui ne regrette pas d'être soi,
même s'il venait à disparaître dans l'oubli.

Et si cela fait mal ?
Qu'il en soit ainsi.
J'insiste.

Car la vie n'est pas parfaite ;
je l'ai appris,
forcé de l'apprendre…

J'ai transgressé tant de lois du destin,
tant furent mes amours clandestines…
qu'aujourd'hui encore,
je lève un autre verre
en ma faveur.

— JE NE TOMBE PAS AMOUREUX POUR RIEN

Enveloppe-moi simplement de tes bras
et ne dis rien.
Je n'ai pas besoin d'explications
en cette nuit passée dans ton lit.

Non… s'il te plaît.

Je sais bien que je partirai à l'aube.
Alors fais-moi tien,
juste cette fois, et sans paroles.

Je suis ivre,
et la nuit touche déjà à sa fin.
Toi et moi dans l'obscurité,
nos corps se cherchant.

Peut-être ne sommes-nous que
ce que nous voulons oublier,
mais demain
je ne me souviendrai de rien.

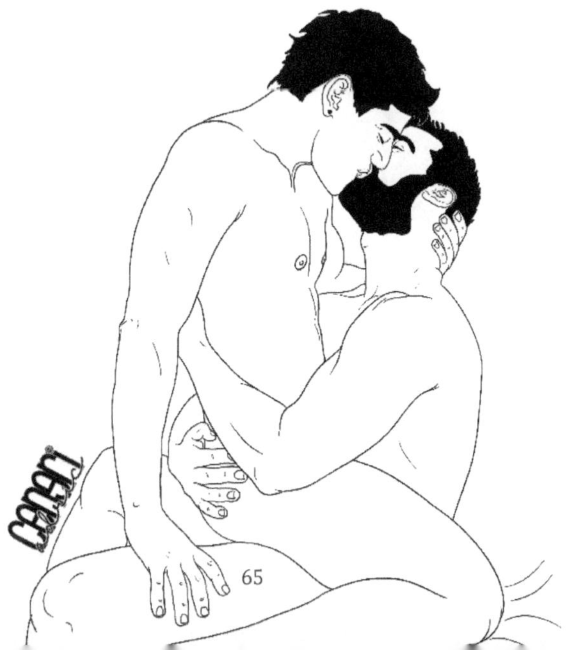

Ne me dis pas que tu m'aimes, je t'en prie.

Montre-moi seulement
que tu me désires vraiment.

Car demain,
je serai dans les bras de quelqu'un d'autre.
Tu le sais bien :
je ne tombe pas amoureux pour rien.

Défaisons-nous de nos vêtements
et laissons parler nos corps.
Ainsi soit-il.

Je sais que demain,
dans ma solitude, je pleurerai.
Mais cette nuit,
je savourerai tes baisers sur mes lèvres,
tes mains sur ma peau,
ton regard chargé de désir posé sur moi...

Laisse-moi faire taire tes émotions inutiles,
effacer de ton esprit les hésitations.
Laisse-moi respirer cette nuit
près de toi, tout près.
Tes mains glissant sur ma peau,
la fièvre montant entre nous…

Ne me promets rien.
Je vais bien.

Continue simplement
ce que tu fais…
ne t'arrête pas.

Et tout ce que je pourrais dire
ne serait que mensonge…
car je ne tombe pas amoureux pour rien,
mais tu le savais déjà.

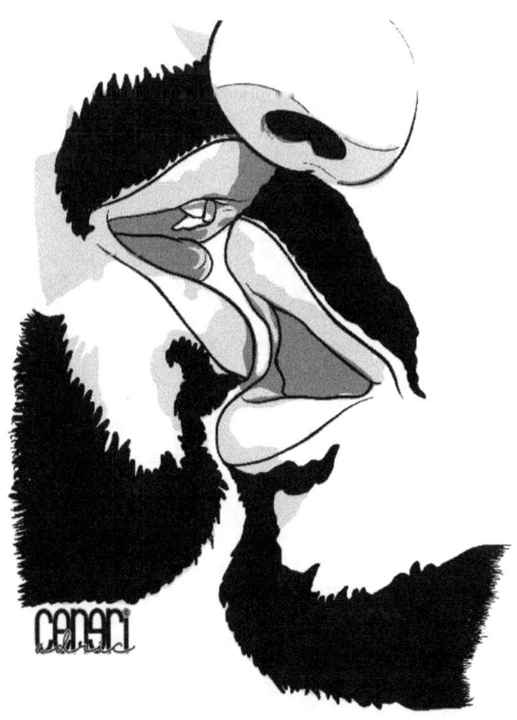

— PRENDS-MOI LA VIE

Ne m'abandonne pas ainsi,
de cette manière si destructrice.
Ne me laisse pas la main tendue,
implorant que tu la prennes.

Je t'aime tant,
comme on n'aime presque plus aujourd'hui.

Ne t'éloigne pas de moi.
Ne m'abandonne pas, mon amour.

Aujourd'hui, je comprends
que je t'aime à un point
que je ne pourrais imaginer
mon corps sans ta présence...

Comment me concevoir
sans tes baisers qui m'enflamment,
sans tes yeux lumineux
qui nourrissent mes illusions ?

Quand, dans l'abandon de l'amour,
nous touchons à l'ivresse du vivant…

Quand ta bouche se pose sur la mienne
avec ferveur,
quand ton souffle trouble
jusqu'à mes pensées…

Tes gestes sont irrésistibles,
parcourant mon être
dans une caresse continue.

Tes mains sont inconfondables,
me serrant avec une ardeur dévorante.
Elles éveillent en moi
ce que j'aime tant
et qui, parfois, me blesse.

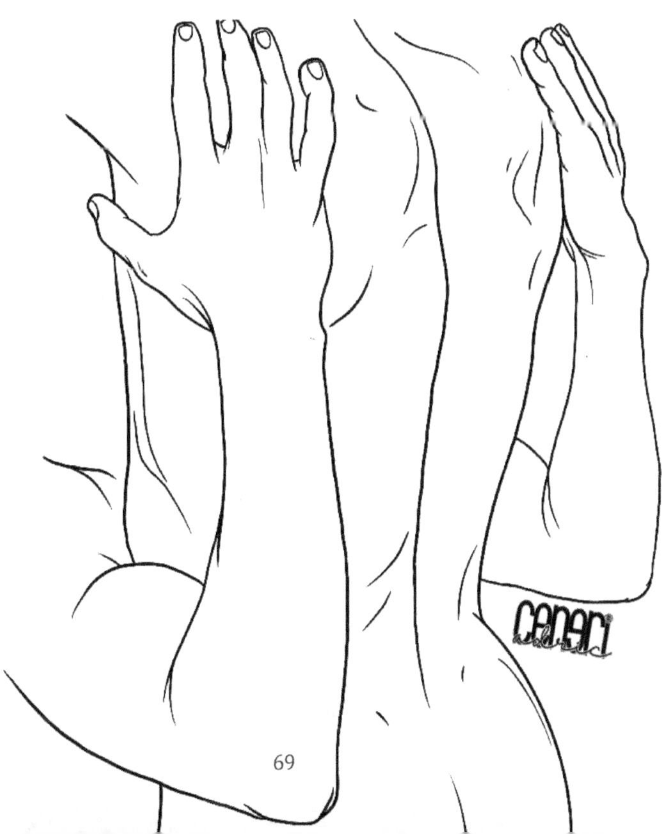

Cet amour ivre, insensé,
si aveugle qu'il ne voit pas...
qu'il laisse filer la vie
sans même le savoir.

Et ton éloquence silencieuse
me révèle le désir dans ton regard...

Quand je recueille tes baisers brûlants,
j'aperçois en toi
cette force,
cette présence qui me bouleverse.

Je vois en toi cette obsession,
la raison même
pour laquelle mon âme vacille...

Sans tes gestes tendres et fugitifs
qui me protègent,
qui m'enveloppent
dans une exaltation constante...

Sans tes folies et ta lucidité parfois cruelle,
qui pourtant me conquièrent.

Elles me retiennent prisonnier,
comme l'art retient l'artiste.

Ne vois-tu pas
que toi et moi ne faisons qu'un ?
Regarde-moi.
Plonge dans la profondeur de mes yeux.

Pourquoi n'entends-tu pas que je t'aime ?
Ne me laisse pas le cœur brisé.

Écoute-moi.
Le temps s'enfuit,
le temps nous est compté…

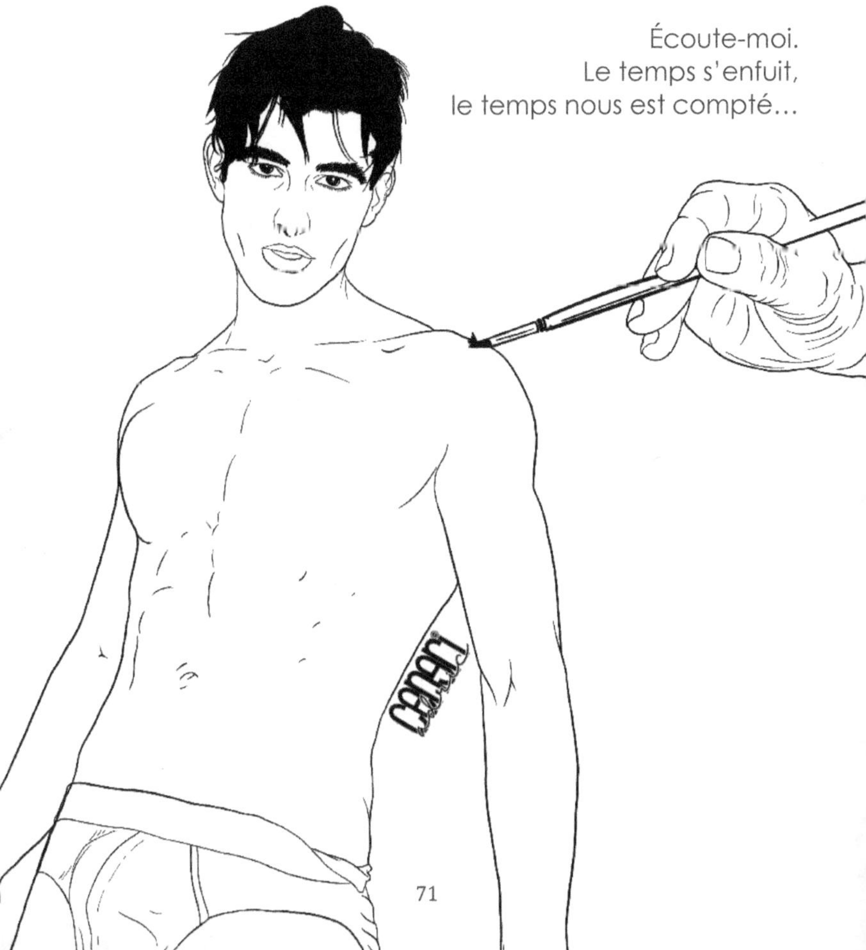

Prends-moi la vie,
mais ne m'abandonne pas.
Emmène-moi où tu veux,
mais ne me déçois pas.

Ne me laisse pas ici,
suppliant de te garder
encore une nuit...

S'il te plaît, reste.
Car si tu pars aujourd'hui...
demain, peut-être,
je ne saurais pas te pardonner.

— INFIDÈLE

Oui, reviens vers moi et effleure ma peau.
Je veux me fondre, me perdre en toi.
Sans toi, mon amour, ma vie n'est plus vraiment la vie.

Et même si tu dis que tout cela est mal,
je sais que tu reviendras…
et j'attendrai l'instant où l'on pourra aimer.

Vois-tu, nos partenaires ne doivent rien savoir.
Il vaut mieux leur cacher la vérité ;
ils ne feraient que souffrir
et nous accabler davantage.

Si tu ignores le pourquoi,
aujourd'hui je te désire plus qu'hier.
Ne pense pas. Laissons nos peaux se rejoindre…
en cette nuit passée ensemble, loin des regards.

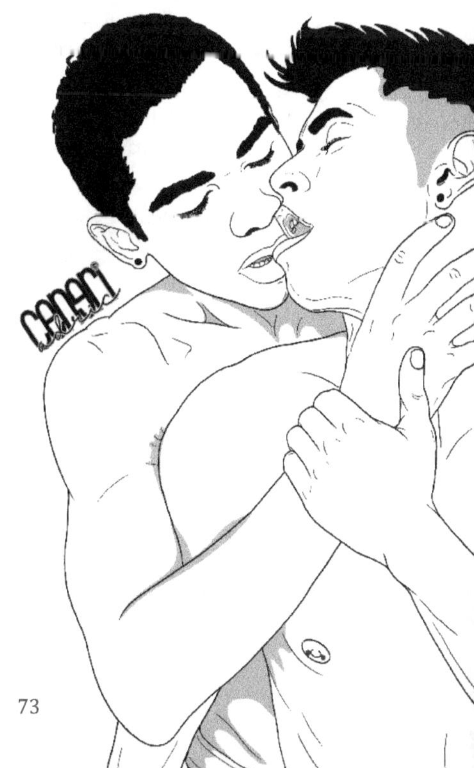

J'écris sur des amours interdits,
sur des tourments profonds
qui déchirent les âmes,
sur des passions défendues
nées de désirs contenus,
et sur *cette indécence* apprise
au détour des rues.

J'écris sur des amours prohibés,
qui proclament leur attachement au trouble,
qui cherchent une gloire illusoire
en trompant l'autre,
et qui se consument ensemble
dans une union dangereuse.

Toi,
mon dessin parfait de passion.

Et moi,
ton œuvre la plus audacieuse
quand nous mêlons nos souffles…

Alors, pour tout cela,
rends-moi l'amour sans mensonge, cette fois,
celui que tu m'as volé hier
et caché dans tes yeux de miel.

J'écris sur des amours ennemis,
sur des conséquences que l'on ne mesure pas toujours,
quand on vit sans tenir compte
de ce qui fut promis,
de ce qui fut juré
face à l'autel.

J'ai troqué l'amour contre un songe,
perdu la vie sans lutter.
Je l'ai livrée au pire allié,
à cette peur ancienne
qui me guide depuis trop longtemps.

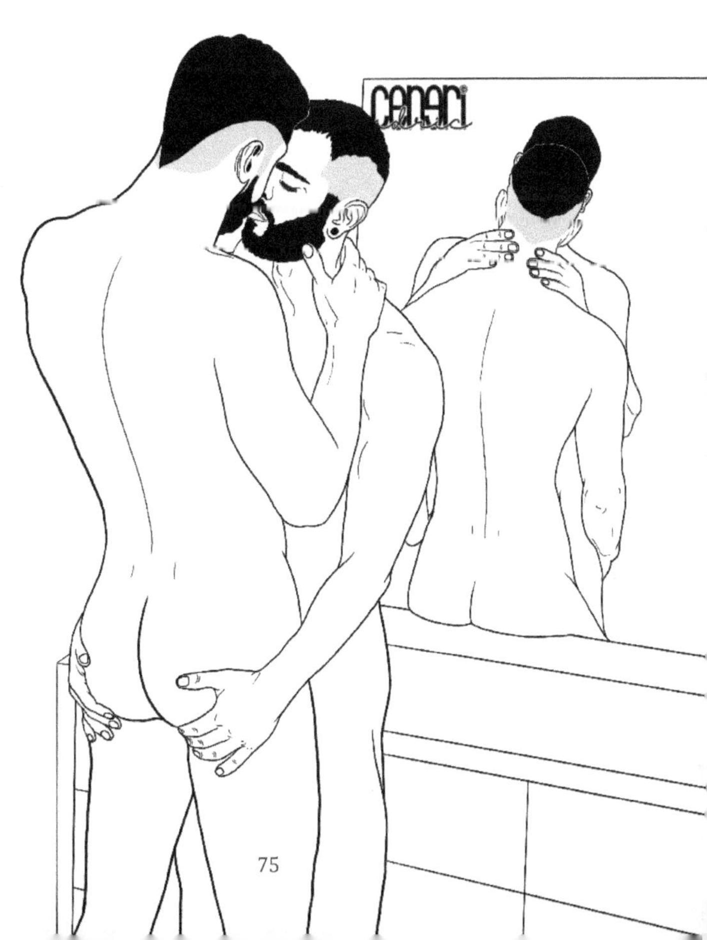

J'écris sur des amours vécus,
qui ont lentement étouffé
les sentiments enfouis,
qui ont joué avec le cœur
de ceux qui les aimaient,
et qui ont tout perdu au final.

J'écris sur des amours vides,
qui regardent couler l'eau d'un fleuve,
chargée de larmes sans répit,
leur murmurant qu'il est déjà trop tard
pour réparer ce qui fut brisé.

— NU

Une sensation qui me gouverne
comme une poupée à ta merci.
Me voici nu, désormais,
sous les mains de ta soif.

Mes pupilles s'attachent à chaque ligne de ta peau,
tandis que mon toucher t'enlace
pour t'offrir le frisson du plaisir…

Assiégé par tes lèvres au goût de miel,
tu m'attires à chaque instant
par la beauté de ta nudité.

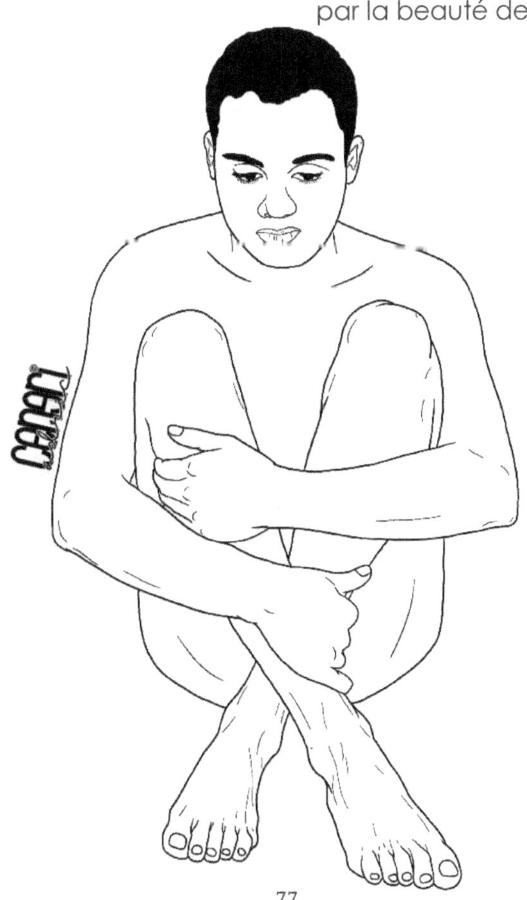

Marge coquette, tachée d'audace…
pourquoi es-tu si cruelle ?
Entièrement nu, tu me laisses toujours
sous l'emprise de ton charme.

Tu me révèles l'inimaginable.
Et lorsque mon corps s'épuise,
tu t'éloignes de moi
pour goûter à une autre présence.

Nu, je me tiens là.
Devant toi, je suis toujours nu.
Il m'est impossible de résister :
mon corps réclame ta passion.

Provocation profane
qui soumet tout mon être,
tu me plies sans cesse
au rituel de ton désir.

Cette ardeur charnelle
m'a montré ce que je n'avais jamais vu :
des émotions et des élans
que je n'aurais jamais cru connaître.

Pris dans tes bras,
je savoure tes baisers de miel.
Chaque fois que je te sens si proche
que nous ne formons qu'une seule peau.

Marge coquette, marquée d'excès,
ne me tourmente plus, cette fois.
Nu, je serai aujourd'hui
le captif de ton sortilège,
celui qui s'abandonne à ton plaisir.
Je m'y noie lentement,
respirant tes baisers
qui apaisent ma soif.

Nu, je demeure,
attendant que tu découvres qui je suis.
Je sais que tes mains me chercheront,
et j'attendrai qu'elles me trouvent
pour dissoudre ma pudeur.
Nu, je l'ai été et je le suis encore pour toi,
sous l'emprise de tes gestes
qui m'offrent leur douceur.
Nu, je vis et vivrai sous tes bras,
dans cette chaleur dépouillée d'amour et de trahison.

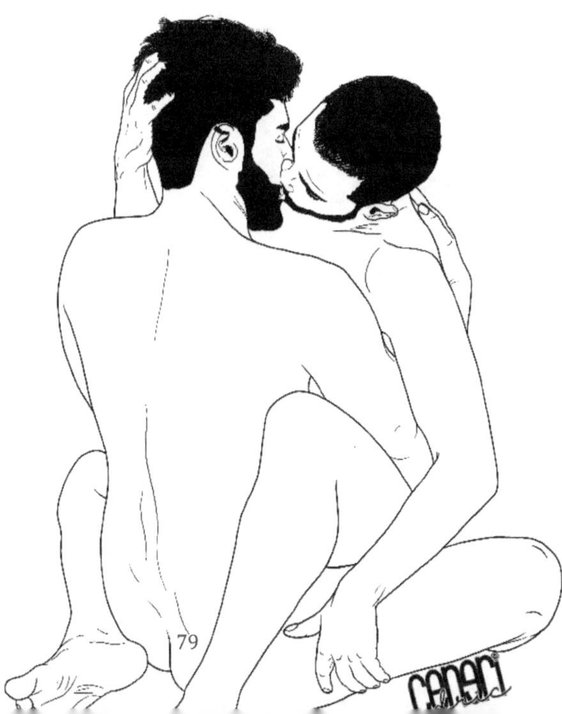

— PASSION

Dans l'écrin de tes pupilles se cache
cette passion qui m'envoûte.

Sur ton dos, ta peau ambrée,
m'invitant à l'audace...
me séduisant par la douceur de ta bouche.

Je regarde ton jean bleu,
usé, déchiré,
qui révèle si peu...
et je m'enivre de ce que mes yeux devinent.

Je m'approche de toi...
et tu joues à être cet inconnu.

Tu joues à être celui
qui feint d'ignorer le goût de mes lèvres.
Alors qu'hier encore,
dans l'élan de la passion, nous ne faisions qu'un,
et que tu murmurais : « *je t'aime* ».

Ma passion instinctive
s'attache au parfum de ta peau.

Je m'empare de ta présence
et te fais basculer contre le sable rugueux.
Mes bras te retiennent,
et l'idée même de ta proximité
attise mon désir.

Goûter à tes lèvres pleines,
jusqu'à perdre toute retenue,
jusqu'à faire glisser ce qui nous sépare encore.

Effleurer ta peau dévoilée
et sentir l'élan que mes mains éveillent.
Te voir frémir
lorsque je te couvre de baisers,
quand mes lèvres parcourent
la ligne fragile de ton cou…

Aussi fort que tu le veuilles,
tu ne pourras te détacher de moi.
Tu n'oublieras pas mes mains,
ni la façon dont elles te cherchent.
Oui… ainsi.
Mon désir pour toi ne s'éteint pas.

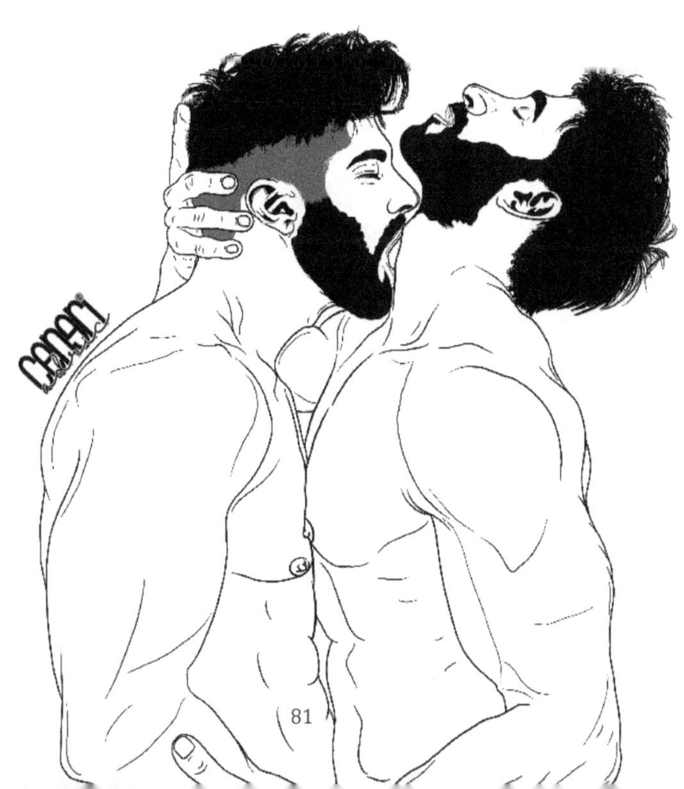

Ne te refuse pas cela :
notre faute est belle, immense.
Peu importe que nous soyons deux êtres
portés par la même ardeur.

Ne m'éloigne pas
de ce feu qui brûle,
de la sensation de nos caresses
qui m'obligent à te désirer.

Je me perds dans la force de tes étreintes,
qui me serrent sans détour.
Je ne veux pas me libérer de tes baisers
qui m'adoucissent.
Et j'apprends,
peu à peu, dans cet abandon,
dans ce refuge,
ce que jamais encore
personne ne m'avait fait ressentir.

— UN MATIN À COLIMA

Ce matin-là, à tes côtés,
je me suis senti infiniment heureux.

Au réveil,
dans la force de tes bras,
j'ai oublié le monde
et je me suis abandonné à toi.

Je me suis livré à ton étrange image
de romance et de plaisir,
à ces lèvres éprouvées,
sans pudeur,
sans retenue.

Tu as laissé ton portrait en moi,
gravé dans mon esprit errant,
suspendu à une rêverie vaine.

Me souvenir de ton regard,
sur cet oreiller paisible.
Imaginer tes lèvres marquées, assurées,
embrasées à la fois
de désir et de feu.

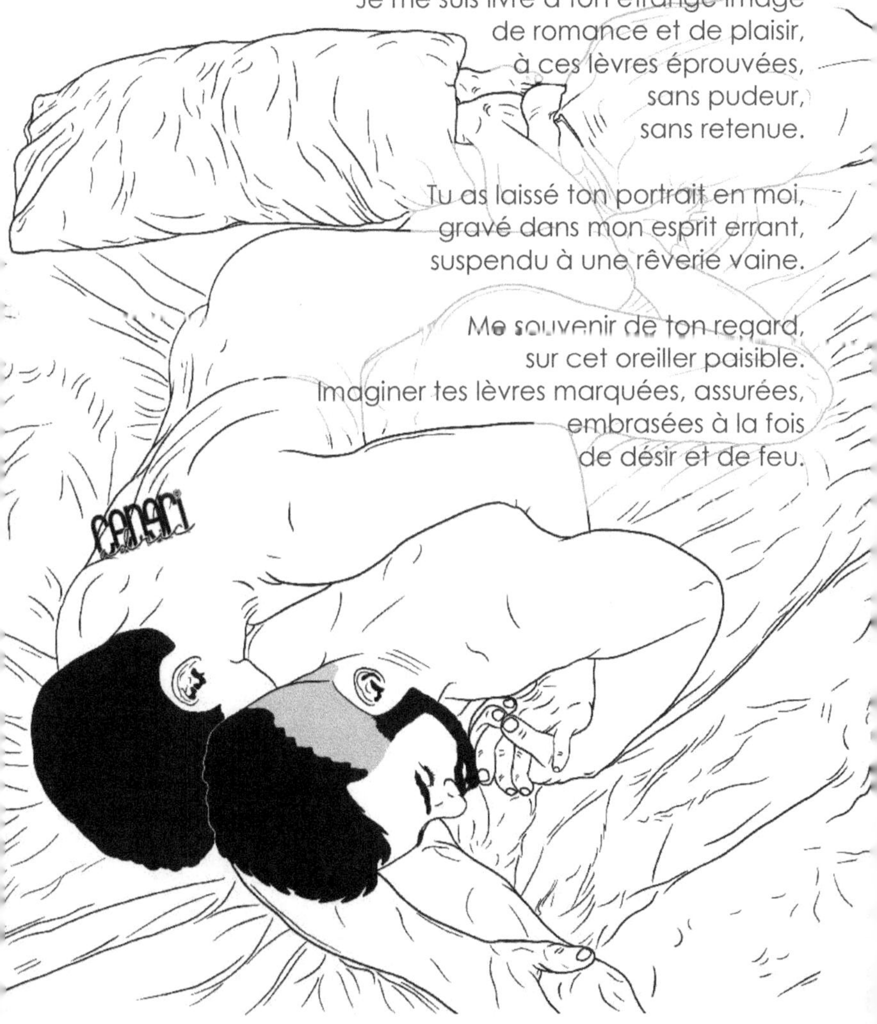

Tes mains passionnées
m'invitent encore à revenir,
à revivre, à désirer...

Tu ne m'aimes pas,
tu ne m'oublies pas non plus...
Mais tes appels à l'interdit
sont presque impossibles à refuser.

L'ardeur de nos corps dénudés
m'a laissé plus égaré que jamais ;
je me suis perdu dans la passion,
sur ce lit brûlant de présence.

Rassasié d'un amour injuste,
d'une passion âpre,
mais féconde...

De nous,
de la folie,
et de ta nudité.

CONDAMNATION

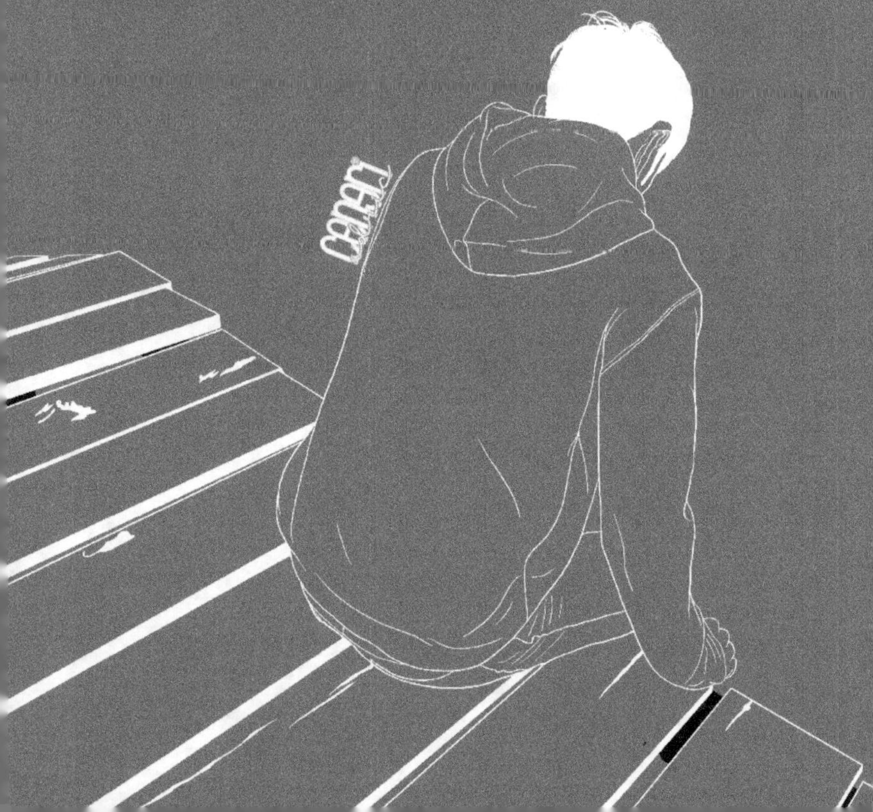

— JE MARCHE SEUL

J'ai tenté l'impossible, autrefois,
il y a si longtemps…
et pour chaque décision prise,
j'ai payé un prix immense.

Je suis convaincu d'avoir tout mal fait ;
j'ai laissé mon cœur se consumer
sans empêcher ma propre chute.
J'ai traversé la douleur du cœur,
et je me suis perdu sans m'en rendre compte.

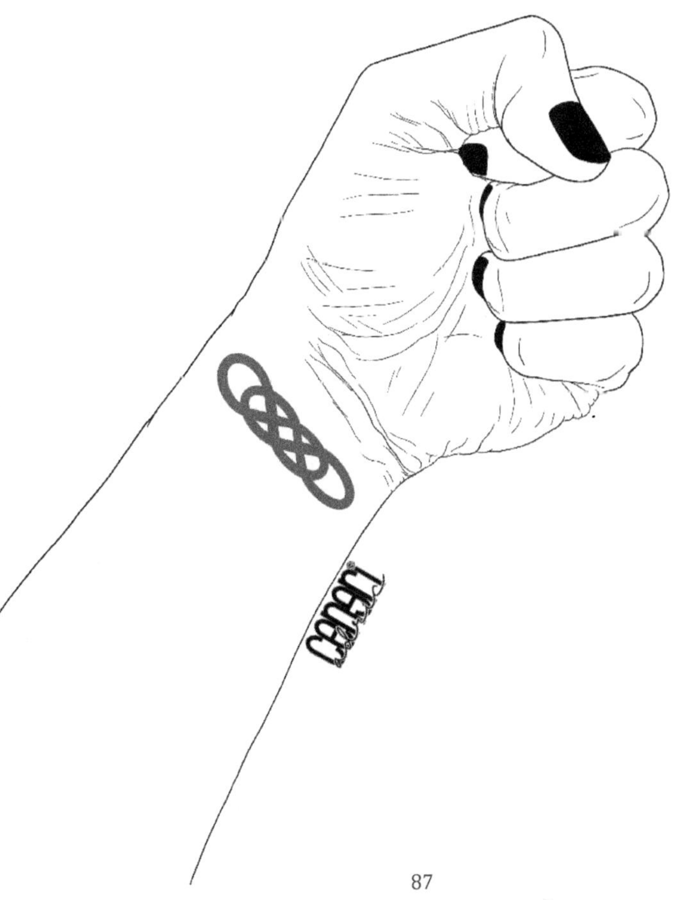

J'ai été effacé sans préavis,
comme retiré du monde,
destiné à disparaître —
pour renaître pourtant
à l'aube d'un recommencement.

Je me suis vu au bord de la revanche,
confus, chargé de colère contre moi-même.
Mais qui suis-je
pour rendre justice
sans offrir d'abord l'apaisement ?

Je sais que je suis fort,
mais j'ignore
ce que l'avenir me réserve.
Pourquoi suis-je resté,
l'âme encore enchaînée ?

Pourquoi m'a-t-on confié
le souffle du phénix ?

Comment suis-je censé contenir
mes peurs et mes espérances ?

Il n'y a pas de réponses
à ces questions qui ne cessent de revenir.

Je contemple la contradiction de ma volonté
et je n'arrive pas à éviter
de faire semblant que rien n'arrive,
de croire que tout est déjà derrière moi.

Je ne crois ni au ciel ni au Seigneur,
je suis condamné à me gouverner moi-même.
Et pourtant,
je ne suis plus certain de qui je suis.

Mes émotions sont un chaos,
et je suis sur le point de renoncer,
de tourner le dos
à ce que mon âme aimait autrefois.

Je me souviens —
la vie ne m'a jamais abandonné,
mais tout a changé,
et moi aussi, pour me protéger de la douleur.

Je marche seul
sur cette route ancienne et poussiéreuse,
m'éloignant de tout
ce que j'ai connu.

— MON VIEIL AMOUR

Comment ai-je pu ne pas voir la vérité ?
Tu t'éloignais, et moi, si aveugle, je ne l'ai pas compris.
Je n'aurais jamais cru que tu puisses être si froid et si dur,
et aujourd'hui je paie ma peine en larmes,
par ta faute...

Même si je me sens vaincu à cet instant,
sache que je me relèverai.
Il existe toujours une seconde chance,
et j'attendrai ici pour recommencer.

Un jour, je trouverai un amour sincère,
quelqu'un avec qui partager mon univers.
Un jour, je le saurai avec certitude,
quand se tiendra devant moi celui que j'ai tant attendu.

Je suis sûr d'une chose : je ne t'oublierai pas.
Tu feras toujours partie de moi, d'une certaine façon.
Mais je trouverai quelqu'un de meilleur que ce que tu étais,
quelqu'un prêt à rester à mes côtés.

Il fait mal de savoir que je t'ai donné plus que je ne pouvais,
et que tu ne m'as jamais valu.
Je n'étais pour toi qu'un simple divertissement.

J'ai trahi mon amour-propre
en m'attachant à tes mépris.
Tout cela pour te rendre heureux, et pourtant,
rien n'a jamais été suffisant pour toi...

Il y a des murmures...
on dit que tu es resté seul,
que la solitude s'est installée dans ta vie,
et que plus personne ne vient à toi.

Tout ce que nous faisons dans la vie
a des conséquences,
et il est triste que la tienne soit celle-ci.

Mon vieil amour, je me souviendrai toujours de toi,
mais je ne peux plus regarder en arrière.
Je ne suis plus celui que tu as laissé ;
j'ai changé de mille façons.

Mon vieil amour,
j'espère que tu sauras trouver la sortie.
Je sais que tu survivras,
je n'en doute pas,
mais tu devras traverser ta tempête.

J'espère que tu ne gâcheras pas
ta prochaine chance ;
elle pourrait être la dernière —
agis avec prudence.

Mon vieil amour,
tu as déjà connu cette tourmente
et payé tes erreurs
à un prix inégalable.
Ne commets pas la même faute
une seconde fois ;
la prochaine…
tu pourrais ne pas t'en relever.

— BRISÉ

Je me suis enfermé,
hors de ta portée.
Là où il ne vaut même plus la peine
de te haïr.

Efface ton sourire — comprends-le :
tu n'as pas gagné ;
c'est moi qui ai mis fin à tout,
en un instant.

Tu as toujours été
un fragment de glace ;
aujourd'hui, te voilà brisé,
tel que tu as choisi de l'être.
J'ai tant perdu à tes côtés,
vraiment.

Mais je suis plus fort
que tu ne pourrais l'imaginer…

Tu m'as bien appris
comment devenir plus solide,
comment renoncer de face
à mes propres élans.
Alors j'ai rompu notre avenir à jamais,
car nous n'étions pas faits pour durer ;
nous n'étions pas destinés
à rester ensemble,
même si c'était notre rêve.

— BRISÉ

J'ai payé un prix
qui m'a laissé un vide indécent.
Aujourd'hui, je vois tant d'erreurs,
accablantes.
Mais ton égoïsme m'a effacé,
tu m'as ignoré entièrement ;
tu as épuisé ma patience
et étouffé mes rêves
jusqu'à les rendre malades.

Je ne changerais rien à ce qui s'est passé :
tu m'as donné mille raisons de partir
et aucune
de rester.

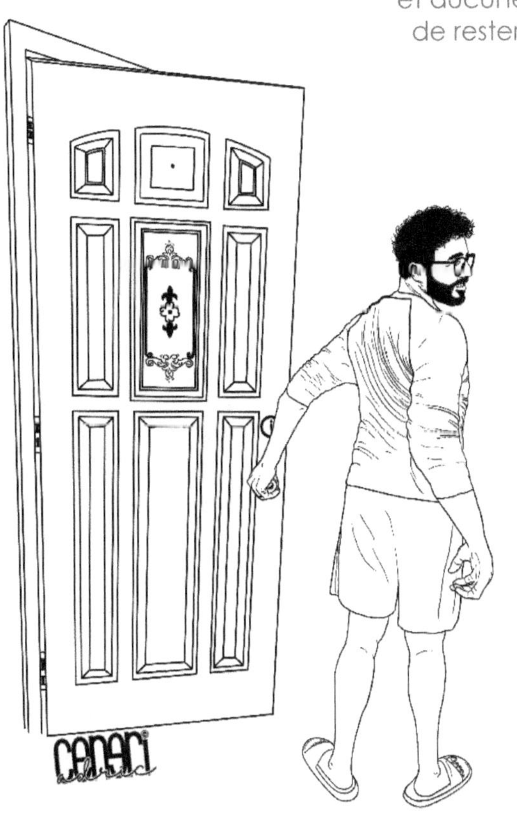

À présent, c'est toi qui n'as plus rien à dire,
et tu sais bien que cela te fait plus mal.
Tu as échoué,
et c'est moi qui ai mis fin à l'illusion.

Je sais désormais
que j'ai toujours eu le choix,
que j'étais le seul maître de la décision.
J'ai eu tort de croire en toi ;
ce fut une grande erreur.

J'ai tenté de t'offrir
un paradis d'amour.
J'ai tout essayé,
mais ton cœur était déjà fissuré.
Et maintenant, tu te tiens
dans un lieu
bien plus sombre…

Tu es là où ton attitude t'a mené,
et je souris en sachant
que je ne porterai plus ton fardeau.
Adieu — *cher Leo,*
je ne te crains plus ;
cette fois, je t'ai vu tomber,
et j'ai laissé ton cœur de glace
se briser de lui-même.

— JE T'AI AIMÉ

Je t'ai aimé —
je t'ai aimé tant que cela a duré.
Je t'ai offert mon amour,
je t'ai donné mon cœur,
et même si tu ne m'as jamais aimé
de la même façon…
j'ai toujours essayé
d'être le meilleur pour toi.

J'ai été ce que tu désirais,
je suis devenu un trophée que tu as gagné,
une pièce de collection
pour nourrir ton orgueil.
Un autre oreiller sur ton lit
pour apaiser tes nuits…

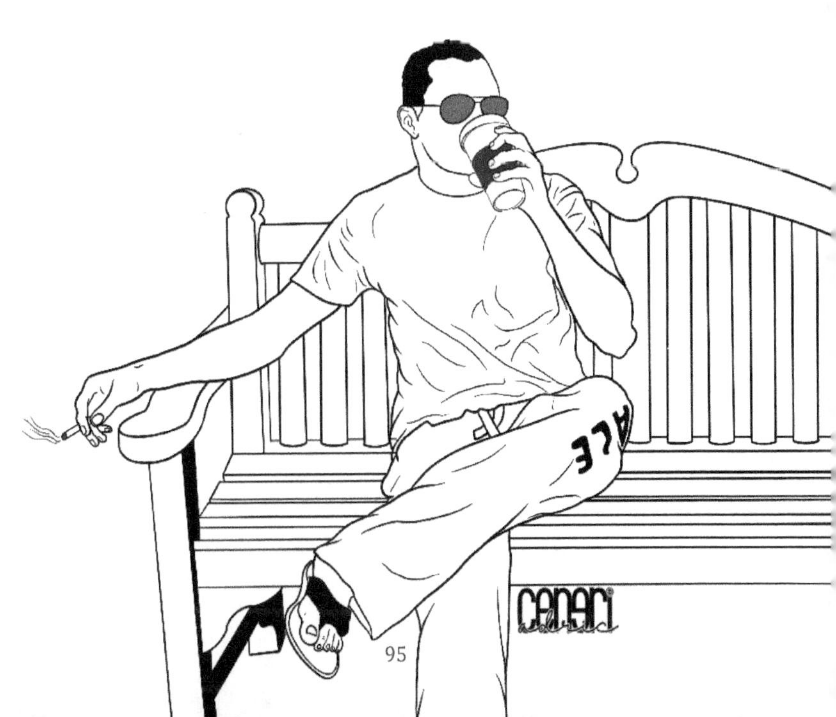

Même si je voulais t'aimer encore,
je ne saurais aimer sans me perdre.
Je t'ai donné une chance,
et tu ne l'as pas saisie.
Je t'ai aimé tout ce temps…
mais aujourd'hui,
il ne reste qu'un grand vide.

Je me sens troublé, car
tu étais tout ce que j'avais espéré.
Aujourd'hui, je le sais :
je me suis trompé.

De tout mon cœur,
je t'écris cette lettre d'adieu.
Avec le temps,
les blessures profondes de ma vie guériront.

Je te souhaite simplement
de trouver, dans ta solitude,
le courage et la force
de devenir, un jour,
quelqu'un de meilleur.

— JE NE T'AIME PLUS

Pour tout ce que nous avons mal fait,
je ne peux te dire qu'une chose : *mon amour s'est dissipé.*
Pour toutes ces fois
où nous n'avons pensé qu'à nous-mêmes,
je peux enfin l'admettre :
je ne suis plus amoureux.

Si j'avais su…
si tu avais protégé ce qui nous liait,
ces lignes seraient différentes aujourd'hui ;
elles auraient pu être un poème d'amour.

Les circonstances n'ont jamais été simples,
et pourtant, nous avons toujours su les rendre plus difficiles.

À chaque parole que je prononçais,
tu ajoutais ton tumulte…
et à tout ce que tu disais,
je n'ai jamais vraiment prêté attention…

Nous ne nous sommes même pas aimés sincèrement ;
mon cœur était confus et a fait le mauvais choix.
Nous n'avions rien en commun,
et ton obstination
a fini par m'étouffer.

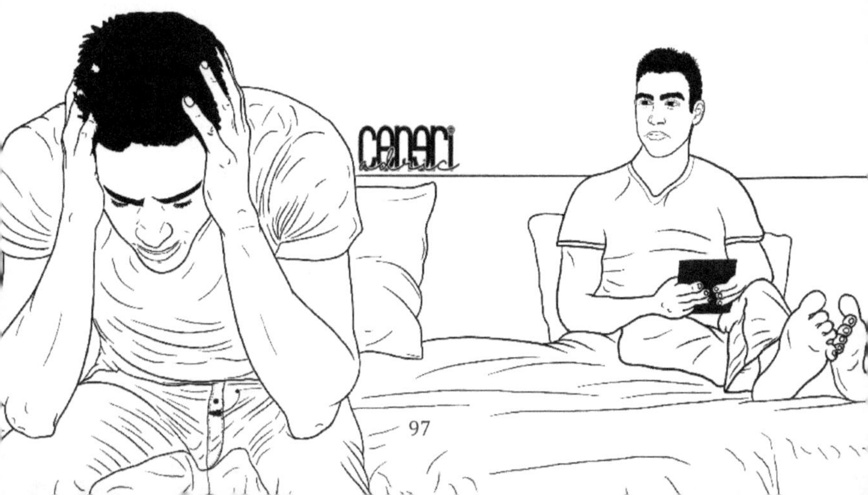

Je n'aurais pas dû laisser les choses aller si loin…
j'aurais dû partir à ce moment-là,
pour éviter cette lutte inutile.

Aujourd'hui, il ne reste
qu'une amertume silencieuse.
Tu me rejettes,
et je garde en moi
le poids de ce qui fut.

Puisqu'il n'y a presque plus rien à dire,
je le dirai simplement :
je ne suis plus amoureux de toi.
Il n'y a pas de doute,
il n'y a pas de retour en arrière.

Adieu.
Que la vie t'accorde
la paix que nous n'avons pas su trouver.

— HIER N'OFFRE AUCUN RÉPIT

J'aimerais savoir comment ne plus me souvenir
du passé où je t'ai rencontré.
De tous mes sacrifices mal récompensés,
et des souvenirs
de tes mille erreurs.

Tant de temps a passé,
et cette idée de te haïr me pèse…

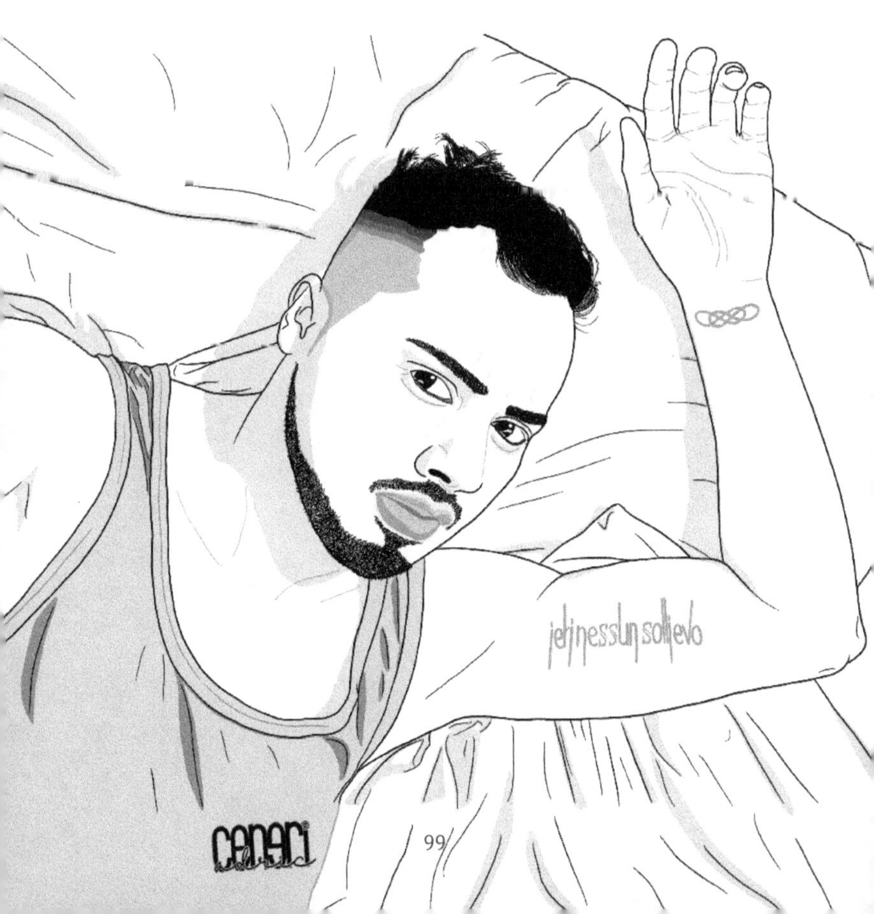

Aujourd'hui qu'il est si tard,
je veux simplement t'oublier.

Froid.
Tu as glacé mon cœur
par la dureté de ta voix...
et hier n'offre aucun répit.

Peut-être...
m'as-tu condamné aujourd'hui,
mais j'aimerai de nouveau.

Aujourd'hui, j'ai refermé ce chapitre,
sans courage,
et avec douleur...

Je vacille, démuni,
quand je regarde la vérité en face...

Je me suis menti.
J'ai voulu croire à une illusion,
et sans m'en rendre compte,
je me suis perdu dans la solitude.

Je t'ai menti,
et pas une seconde je ne l'ai regretté.
Non.

L'amour que je te portais,
tu l'as toi-même épuisé jusqu'au bout…
et sans plus de peine,
je t'ai retiré de moi.

Cette sensation qui me fige
me condamne
et me blesse encore…

Ce sont ces souvenirs qui me retiennent aujourd'hui,
quand je découvre que tu ne m'as pas aimé…
et que moi, oui.

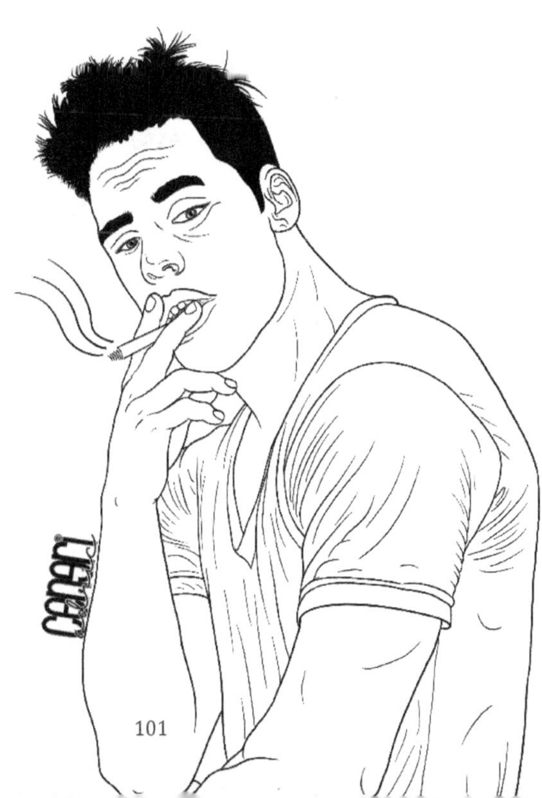

Sans toi, je serai heureux,
seul, dans mes propres joies.
Je recommencerai à zéro,
je reprendrai ma vie.

Ma solitude,
mon amertume,
et ma tension intérieure —
tout ce que je cachais sous ton emprise,
je te le laisse.

Dieu sait
que je ne porterai plus
ce qui ne me sert pas.

Et la ténacité de mon âme,
je l'ai éprouvée avec force,
pour qu'elle ne vienne plus
entraver mon destin.

Ainsi soit-il…
aujourd'hui, j'ai perdu.
Mais la vie se chargera du reste —
et souviens-toi :
hier n'offre aucun répit.

— ET DE NOMBREUSES ANNÉES PASSERONT

Il y a eu tant
de pardons offerts…
tant de tes erreurs
qui m'ont blessé.

Aujourd'hui, l'absence fait mal,
ne plus être à tes côtés…
mais il est plus douloureux encore
de se souvenir
des mensonges sur tes lèvres.

Ton égoïsme
fut un chemin d'épreuves,
et malgré tout,
j'ai toujours choisi
de rester près de toi…

Comment as-tu pu briser l'amour
en à peine deux années ?
Je sais que tu l'as laissé s'éteindre,
il est mort au milieu de tes tromperies…

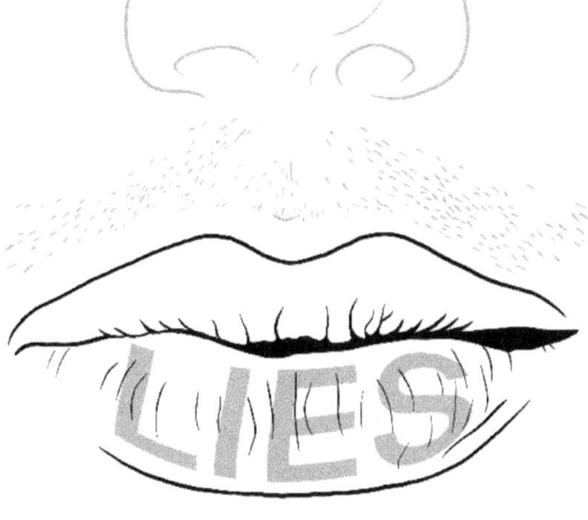

Et de longues années passeront...
des années entières,
avant que je puisse ressentir à nouveau.

Tu as desséché mon cœur
à force d'illusions,
le condamnant
à ne plus vibrer.

Mais je traverserai ces blessures...
je me fortifierai,
je grandirai sans toi.

Aujourd'hui, je veux croire
que rien n'a été vain,
que cette douleur
avait un sens.

Et demain...
tu ne demeureras plus
dans mon âme.
Je comprends à présent
que j'étais trop pour toi.

Je sais que ton orgueil est en miettes,
car tu n'as jamais su mesurer ce que je t'ai donné.

Je suis certain que l'avenir
te fera éprouver l'échec,
quand la solitude s'emparera de toi…

Quand elle t'enlacera
de ses bras froids,
et que tu voudras retrouver
une part de ce que je t'ai offert…

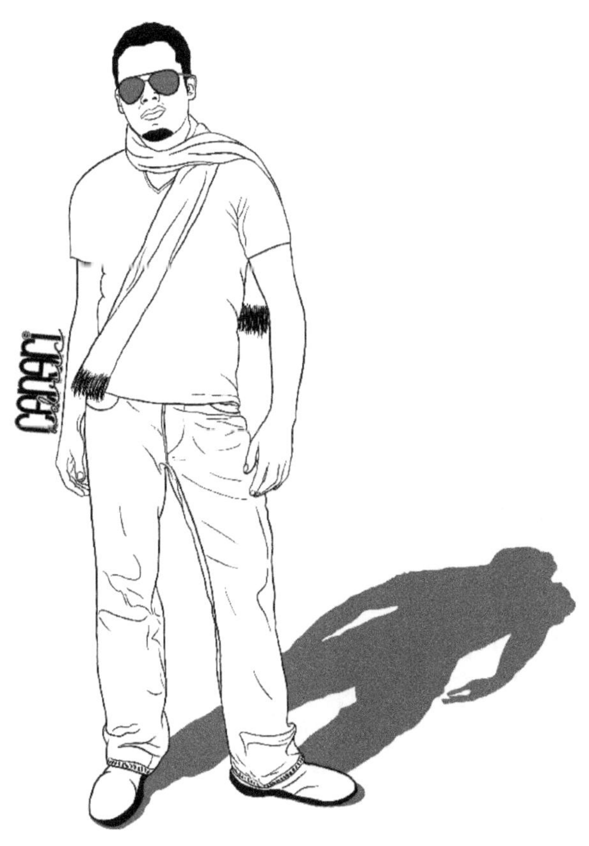

Alors tu sauras aussi
que je t'ai pardonné
une fois, mille fois…
et que tu m'as déçu
jusqu'à l'épuisement.

Je t'ai pardonné
encore et encore,
mais tes trahisons…
je ne les ai jamais oubliées.

POÉSIE ABSOLUE

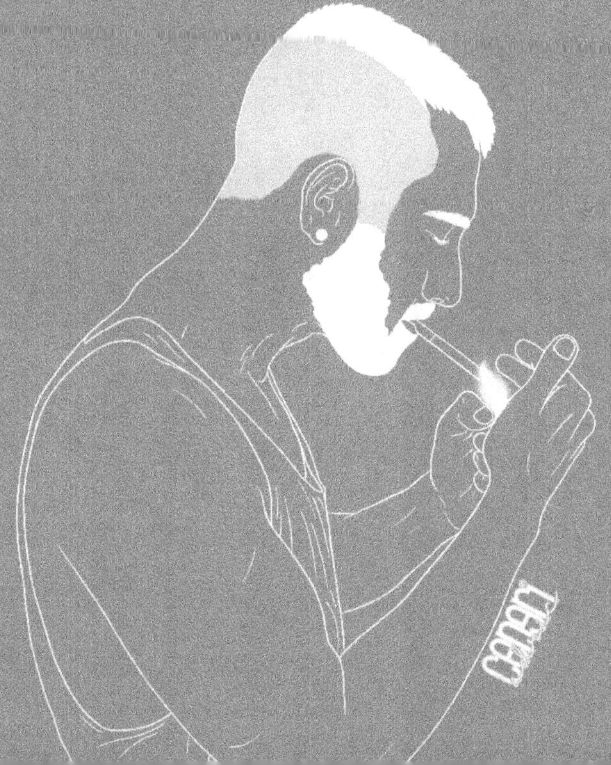

— QU'EST-CE QUI LEUR PREND ?

Ma vie est différente…
prise et libre entre mes rimes,
parfois lasse de perdre…
et parfois avide de vaincre.

Dans mon âme, des peines qui troublent,
des regrets qui découragent.
Je ferme les yeux pour ne pas voir,
car les gens savent être cruels…

Ma famille,
la société et ses lois
ont dessiné ma vie
avant même ma naissance !

Qu'est-ce qui leur prend ?
Je n'ai pas demandé
à faire partie de leurs alliances.
Cette société excuse sans cesse ses failles.
Elle vit dans un système corrompu
qui étouffe, qui éteint…
où les rêves se fanent,
dévorés par le mensonge…

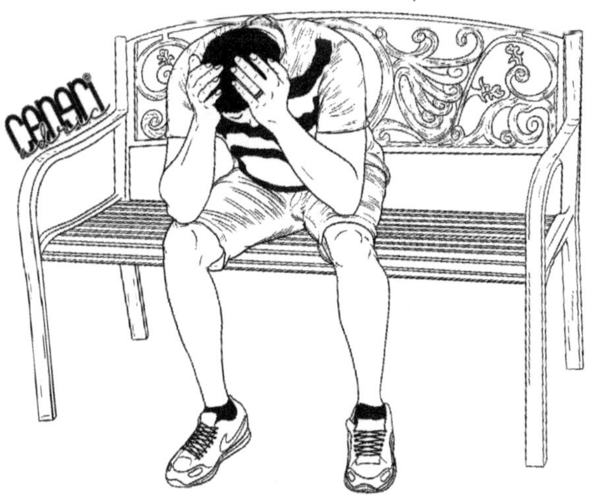

Les temps changent,
mais toutes les consciences n'avancent pas.
Certains s'enlisent
dans des règles chargées de dureté…

La vie est un présent.
L'amour n'a pas besoin d'être compris :
il doit être vécu,
au moment juste.

Il faut aimer sans peur,
laisser de côté les cadres imposés,
et être heureux
avec ce que l'on a.

Le bonheur ne vient pas de l'argent.
Ce que dit la voisine
ou qui que ce soit…
leurs avis ne m'arrêteront pas !

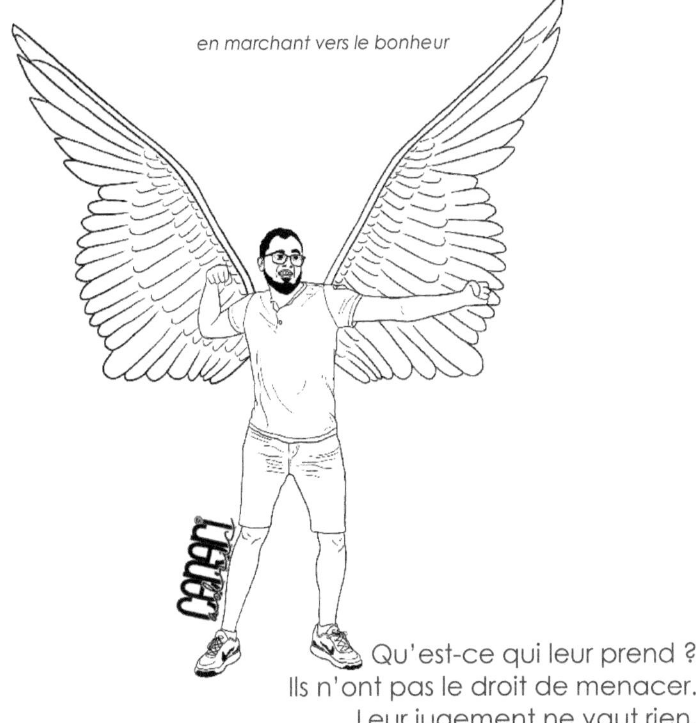

Qu'est-ce qui leur prend ?
Ils n'ont pas le droit de menacer.
Leur jugement ne vaut rien.

Ils ne pourront jamais me couper les ailes ;
même s'ils me tournent le dos,
je resterai fidèle à moi-même.

Et même si je tombe mille fois,
mille fois je me relèverai…

Même avec l'âme entravée,
j'ai un avenir,
j'ai un chemin devant moi.

Je ne douterai jamais de mon bonheur.
J'ai été fort,
et je le serai jusqu'au bout.
Ce qu'ils diront
n'a aucune prise sur moi.

À distance,
ils ne pourront jamais me voler l'espérance.
Depuis que j'ai trouvé le calme,
il habite mon âme…

Mon esprit ne change pas ;
ce sont mes pensées sombres qui s'éloignent.
Le drame s'efface,
ma paix intérieure grandit sans limite…

La vie est une tentative de bonheur.

— TANT QUE JE CONTINUE À CROIRE

Une année de plus s'ouvre à l'horizon,
tant à apprendre,
à transmettre,
et aussi à laisser partir…

Chaque fois que je vois les possibles
s'incliner devant moi,
je suis certain de ce en quoi j'ai toujours cru.

Avec le temps, j'ai beaucoup appris.
Aujourd'hui, j'ai compris
que je suis celui qui choisit sa destinée ;
alors je laisse derrière moi
ce qui ne me sert plus,
pour devenir la meilleure version de moi-même.

L'ambition de la vie a parfois affaibli mes élans,
mais je ne renoncerai pas
et je ne me laisserai pas tomber.
Je suis plus fort que je ne l'imaginais jadis ;
je sais que je peux tout accomplir
si je le décide.

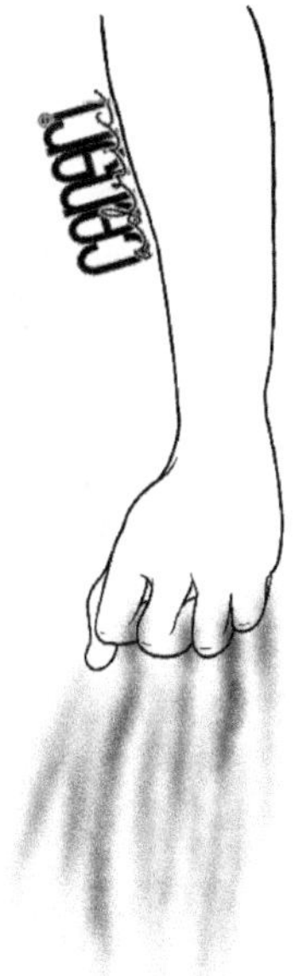

La fin de l'hiver approche,
promettant une renaissance
en mars et en avril...

Pendant longtemps, j'ai attendu
de retrouver mes rêves,
j'ai cru pouvoir maîtriser entièrement
ma volonté.

Aujourd'hui, une autre chance s'offre à moi
d'être celui que je souhaite devenir.

De rester amoureux
ou d'apprendre à être libre de toi ;
j'ai toujours connu le prix de l'adaptation au monde,
mais désormais
je ne laisse plus mes émotions décider à ma place.

Comme je sais aimer,
je sais aussi laisser partir
ce qui ne me nourrit plus.
L'obscurité a ouvert mes yeux
sur ce que je ne voyais pas avant :
ce que je comprends aujourd'hui
en te voyant pleurer,
en reconnaissant combien tu as été réel pour moi.

Ainsi, tant que je continue à croire,
je ne redeviendrai jamais
celui que j'étais autrefois...

Je dois apprivoiser
ma propre part d'ombre,
pour équilibrer l'esprit
et cesser de souffrir.

— REDDITION

Un jour, je me suis senti perdu,
et pourtant étrangement libre.
En me retournant,
mes peurs ont parcouru ma peau,
et un frisson m'a traversé.

Terrifié,
j'ai fermé les yeux,
comme pour m'absenter du monde.
Je me suis égaré,
j'ai dansé avec l'ombre
jusqu'à chuter,
malheureux,
hors du temps.

J'ai pensé à mon reflet,
à mes mille cicatrices,
et cette voix intérieure a murmuré :
il est temps…
laisse-la partir.

Puis je suis revenu
à une obscurité profonde,
comme si mon chemin était déjà tracé
sans m'avoir consulté.

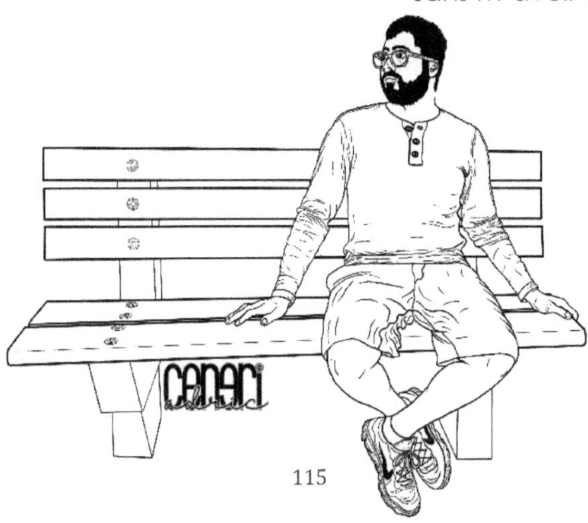

La vie a fissuré mon âme,
fait s'écrouler mon monde.
J'ai appris à porter la douleur jusqu'au jour où
elle m'a porté à son tour.
Ma blessure est devenue colère,
et moi...
son refuge.

Face à mes démons, j'ai demandé pardon
et offert ce que j'avais sans conditions.

J'ai toujours été
enfant d'une lune grise.
J'ai traversé les nuits les plus sombres en toi,
en aimant.

J'ai compris alors
que tu ne serais plus que mémoire.
Rien ne promet l'éternité,
ni aujourd'hui,
ni dans cent printemps encore.

Blessé, j'ai désiré la revanche.
Je voulais que le monde ressente ce que je ressentais.
Je cherchais un remède à ma misère,
à mon tourment.

J'ai brûlé dans mes propres tragédies
et j'ai laissé le feu intérieur
tout consumer...
jusqu'à l'effacement.

Je croyais que la souffrance cesserait,
mais je suis revenu.
Et ce ne fut pas l'apaisement.

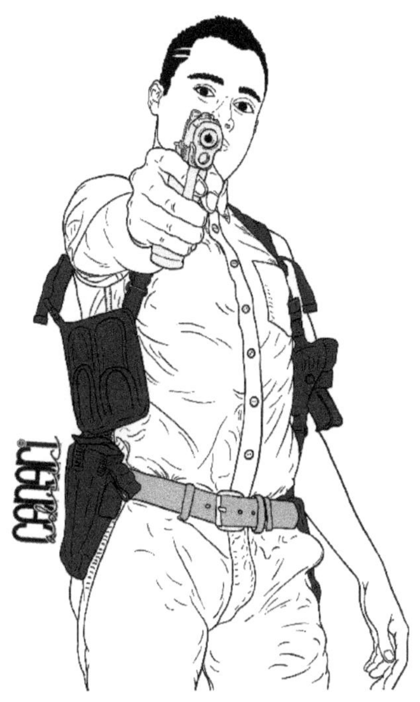

Je croyais que la souffrance cesserait,
mais je suis revenu.
Et ce ne fut pas l'apaisement.

Au-dedans,
je me sentais plus solide,
mais creux.
Je me suis fait juge,
endurci par la sentence.
Rien ne m'arrêtait.
Il ne restait plus d'élan.

L'amertume a rempli mon âme.
J'étais égaré.
La vie m'a façonné ainsi :
je ne suis pas né ainsi,
je le suis devenu.

Et je suis resté seul,
sans retrouver
ce que j'avais perdu.

Dans l'obscurité,
j'ai égaré une part de moi.
Le vertige m'habitait.
Et la colère
était devenue ma voix.

— UN RÊVE BRISÉ

Je veux seulement survivre à hier,
réapprendre à croire,
savoir que l'espérance existe encore.

Je veux trouver la sortie,
oser faire confiance à nouveau.
Dissoudre cette colère,
m'en libérer.

Mes émotions se sont éteintes peu à peu.
J'ai perdu l'innocence
en tombant dans ses filets.
Je suis devenu un objet,
un jouet docile,
et j'ai douté à jamais
de mériter le bonheur.

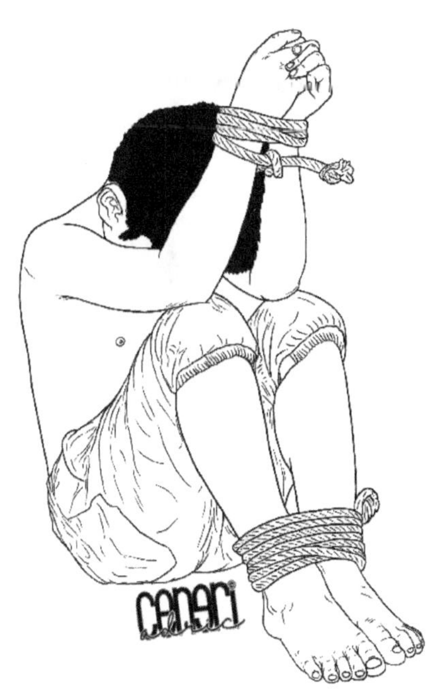

Il a commis un crime,
et mon cœur s'est davantage brisé.
Il m'a blessé de l'intérieur,
et aujourd'hui son souvenir
me plonge dans le conflit
et le rejet.

La société m'a refusé refuge,
et lui s'est présenté comme un secours.
Je sais qu'il a corrompu mes rêves,
et personne,
personne ne m'a demandé
si j'allais bien.

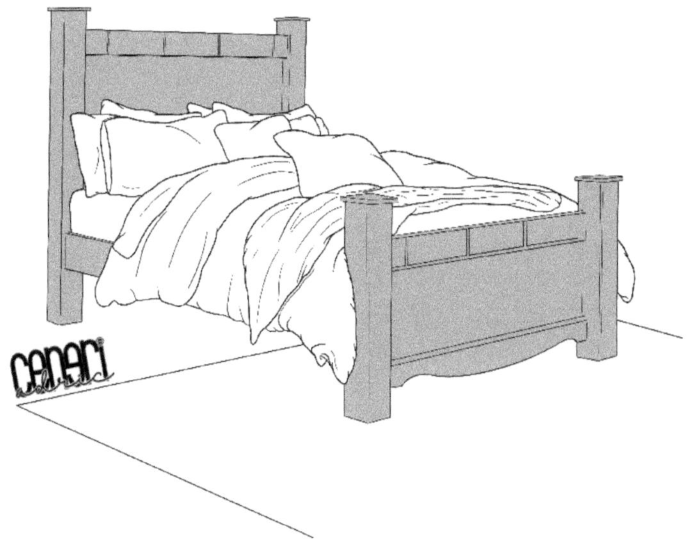

C'est là que j'ai vu partir mon innocence.
Par des mots trompeurs,
j'ai cherché protection.
Je me suis attaché à une détresse
qu'il a exploitée.

Je voulais seulement un abri,
et il a confondu soin et emprise.
Sans amour, sans protection,
je me suis retrouvé piégé.
Sans repères,
j'ai cédé.

Aujourd'hui, face au miroir,
que je le veuille ou non,
cette trace demeure.

Il devra répondre de ce qu'il a fait.
Un jour, cette blessure guérira,
et le passé
ne sera plus
qu'un rêve brisé.

Peut-être que la colère restera,
mais je continuerai à lâcher prise.

Même lorsque les années blanchiront mes cheveux,
ce souvenir persistera.
Il fait mal de savoir
qu'il ne s'efface pas.

Mon âme souffre en comprenant
que mon cœur a été fracassé.
Que tout ne se répare pas.
Que mon histoire porte sa marque.

J'aurais pu accuser tant de choses,
mais le mal existe.
Mon enfance fut un enfer,
j'en porte les cicatrices.
Et aujourd'hui je le comprends :
lui aussi a été blessé enfant.

Mais il n'y a pas d'excuses.
Il n'y a pas d'absolution.
Il a été l'agresseur
qui m'a volé l'enfance.

— TOUT CE POISON

Ce que je désire le plus, c'est te confier ce poème
et savoir si, dans ton âme, il a existé pour moi
ne serait-ce qu'une trace d'affection, une étincelle de foi.

Sans le savoir, tu fus mon cauchemar ;
tu as semé ma douleur.
J'ai accumulé tant de colère
qu'aujourd'hui
je ne sais plus qu'en faire.

Tout ce poison est né de ce que l'on a laissé faire :
l'ignorance,
le mépris des foules.
Il m'a fallu être fort,
lutter contre des préjugés qui n'étaient pas les miens.

J'ai interrogé Dieu pour m'avoir fait ainsi.
Je voulais seulement être accepté
pour ce que j'étais,
et l'on m'a jeté dans la boue.

Les préjugés m'ont flétri,
et je n'étais qu'un enfant
qui a perdu la foi.

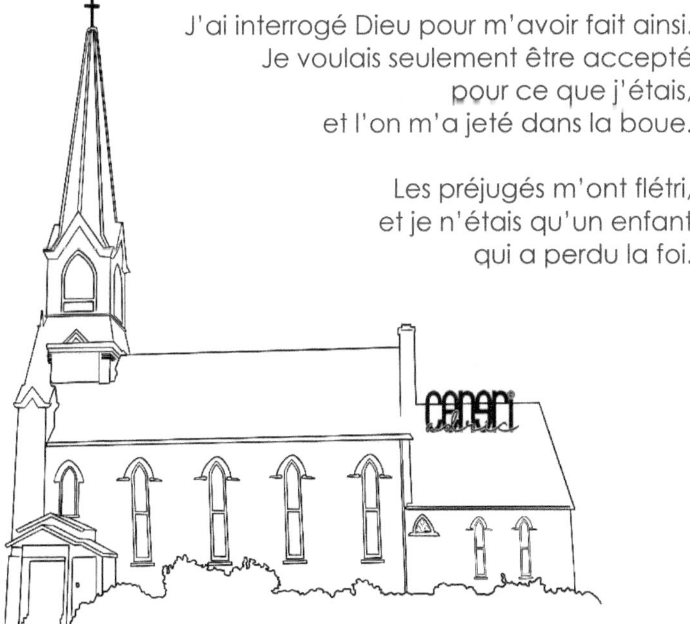

Et même si les années passent,
je porterai toujours ce deuil.
Je resterai ce petit être
que l'on a brisé sous ton regard
sans que tu saches voir.

J'ai besoin de calme
pour comprendre mon existence,
comment tu n'as pas pu,
comment tu n'as pas vu
ce que je traversais.

J'ai tenté de comprendre la misère
dans le froid de ce qui m'a été donné à vivre.
Les coups résonnent encore,
les cicatrices demeurent en moi.

Je me suis traîné à terre,
je me suis incliné devant la peur,
et pourtant
j'ai toujours survécu au destin.

Dans mon âme reposent mille fautes
rassemblées par mon propre enfer,
et mon âme fatiguée
ne veut plus avancer.

Un jour, je dépasserai ce qui me blesse,
et le passé ne sera plus
qu'un rêve brisé.
Peut-être que la colère restera,
mais je continuerai
à lâcher prise sur hier.

Même lorsque les années
blanchiront mes cheveux,
je resterai ce petit-fils,
cet enfant marqué jusqu'à l'excès.

Ces souvenirs qui me poursuivent encore
sont le tourment
qui nourrit ma colère.
Et même si le passé ne peut être réparé,
chaque jour
j'essaie d'en comprendre le pourquoi.

Il serait facile de t'accuser,
mais cela ne guérit pas et n'apaise rien.

Dans mon âme demeure un vide immense ;
rien ne le comble,
rien n'apaise sa soif.

Car je n'étais que le petit-fils,
l'enfant qui s'est brisé entièrement
jusqu'à l'épuisement.
Et pourtant, j'ai toujours fait ce que tu attendais de moi :
j'ai été l'enfant qui a tout perdu,
et dont la douleur ne t'a jamais importé.

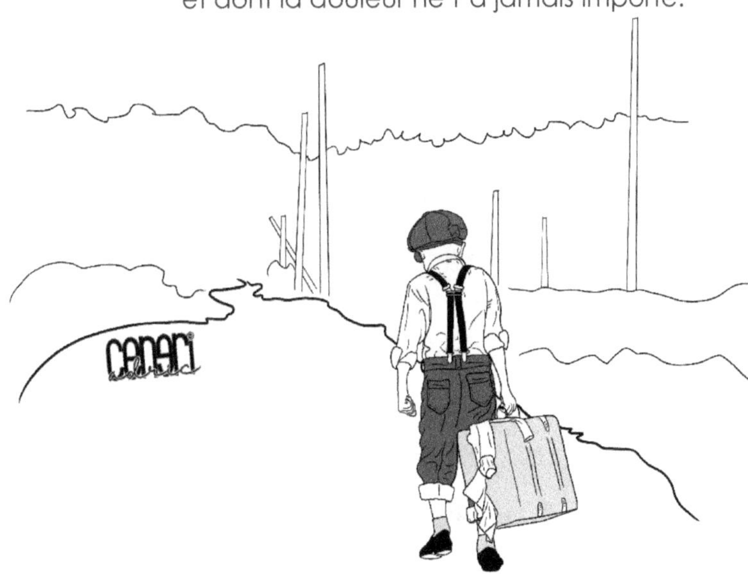

— RÉTROVISEUR

Tu me montres l'envers de ce monde,
instable et aride comme l'émotion brute.
Je suis las de fauter sans jamais trouver le deuil,
chargé de colère face à un passé absurde.

Pardonner ?
Tu me demandes de pardonner,
quand personne ne m'a jamais accordé le sien ?

Je m'éloigne avec patience,
lentement, portant un orgueil consumé.
Entre ta voix harcelée
et tes pleurs brisés — lourds d'amertume —
tu as fissuré ma vie
sans espoir de retour.

Et toi ?
Reflet…
c'est à moi que tu le demandes ?
Par Dieu, je ne t'oublierai pas.
Je devrai me souvenir de toi
pour te rendre ta fin.

Les élans épuisés de mes gestes,
les plaies marquées par ton pouvoir nocif
ne sont rien d'autre
que la trace de ton attachement forcé.

Reflet clandestin, gardien de ma vérité,
toi
qui sais ce que je cache en attendant,
toi
qui connais la douleur de rester en arrière.

Reflet clandestin qui avances sans regarder,
dissipe cette existence et mets fin à cette errance intérieure.
Je suis si changeant que penser me devient lourd.

Rétroviseur,
tu me montres la sortie puis tu t'éteins.
Je suis un lâche,
un trait inachevé, avide de foi.
Je suis un leurre,
la tache sombre de ma nudité intérieure.
Je suis cet homme fatigué
enfermé dans un cœur sans certitude.

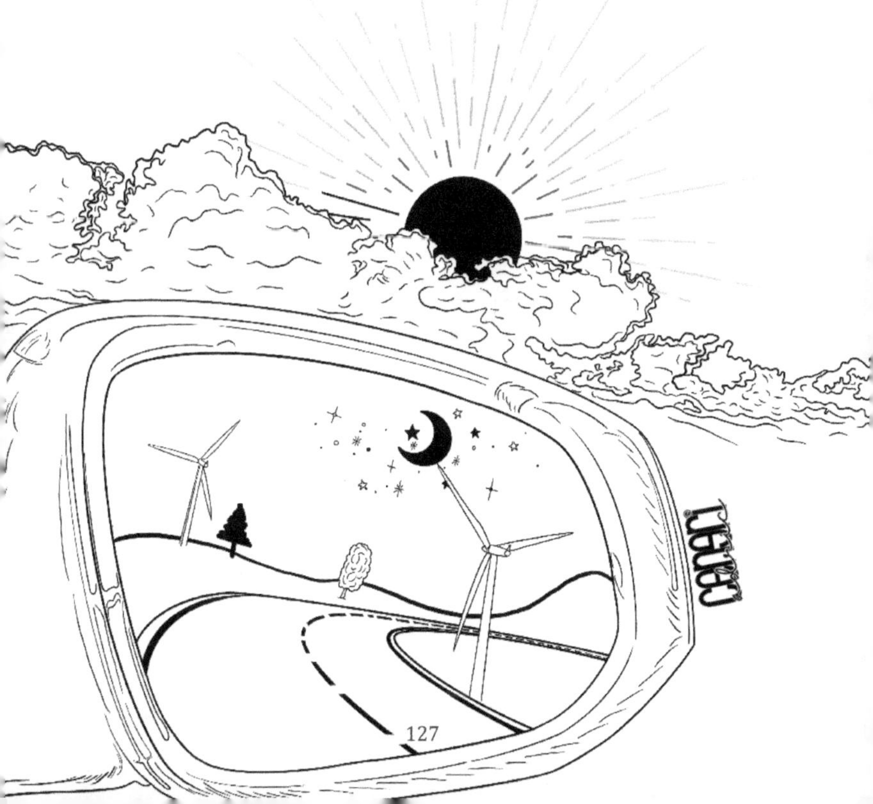

— AIME-MOI AINSI

Un jour, j'ai bu mes larmes amères,
j'étais blessé et je ne trouvais aucun apaisement...
j'avais froid...
Effrayé, j'ai fermé les yeux,
comme pour m'éloigner du tumulte.
Je me suis égaré,
j'ai dansé avec l'ombre jusqu'à vaciller,
et j'en ai porté la responsabilité.

Ne juge ni mon obscurité
ni mes cicatrices.
Je connais la douleur de mon propre cœur,
le poids de mes pensées...

Tu n'es pas là
pour juger qui je suis.
C'est tout ce que tu as besoin de savoir.
On ne peut défaire
ce qui a déjà eu lieu.
Si tu m'aimes...
aime-moi ainsi.
Ne me transforme pas.
Aime-moi ainsi.

Crois-moi...
on ne peut ni le changer
ni l'effacer...

Et je savoure d'être ici, avec toi,
apprenant un amour aux mille couleurs.
C'est la vérité.

Toi et moi partageons une alchimie inévitable.
J'admire tes élans irrévocables,
infiniment désirables.
Tu es destiné à devenir un chapitre de mon histoire.

Laisse-moi t'aimer
comme si j'étais ta rêverie,
comme si j'étais ta lumière.
Comme si tu aimais sans réserve,
en donnant tout,
ce que tu as, mon amour,
avec ferveur.

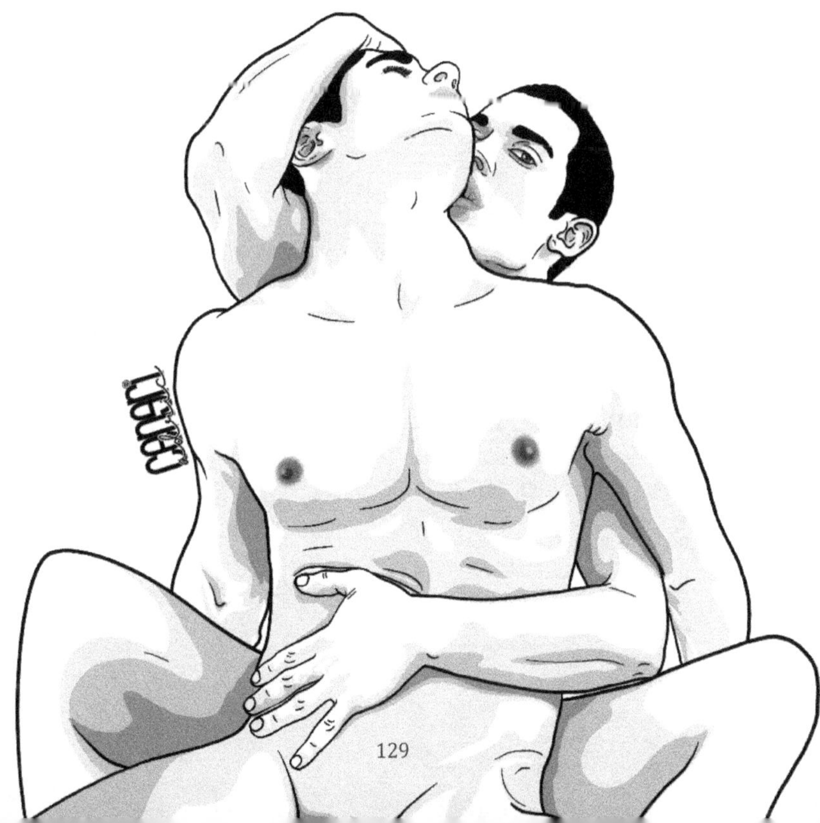

— SA VIE PASSE

Il ne voulait plus continuer ainsi…
le tourment le blessait.
Le passé et ses actes,
même le temps
ne parvenaient pas à les apaiser…

Il a pourtant toujours avancé,
avec ses mille et un défauts.
Mais ses prières maladroites
sont restées sans réponse
dans le silence…

Ses peines, sombres et amères,
l'obligeaient à endurer.
Et son désir de vivre en souriant
s'est éteint,
peu à peu…

Sa vie s'est effondrée,
lui faisant perdre l'espérance.

La colère a changé la trajectoire.
Il a tenté d'effacer
jusqu'à son propre nom…
Il a voulu feindre l'absence de douleur,
et celle-ci est revenue, doublée.

C'est alors que,
en un instant,
sa bonté s'est transformée…
il a trouvé dans sa blessure
la force de continuer.

Son âme...
parfois sereine,
parfois lasse,
parfois désorientée.

Son âme...
dans un monde vide et dur,
qui lui a offert un avenir
qu'il n'avait jamais imaginé...

Alors il a décidé
de ne plus être fragile
comme l'enfant qu'il fut,
et de faire de la nuit
un refuge
contre ses peines.

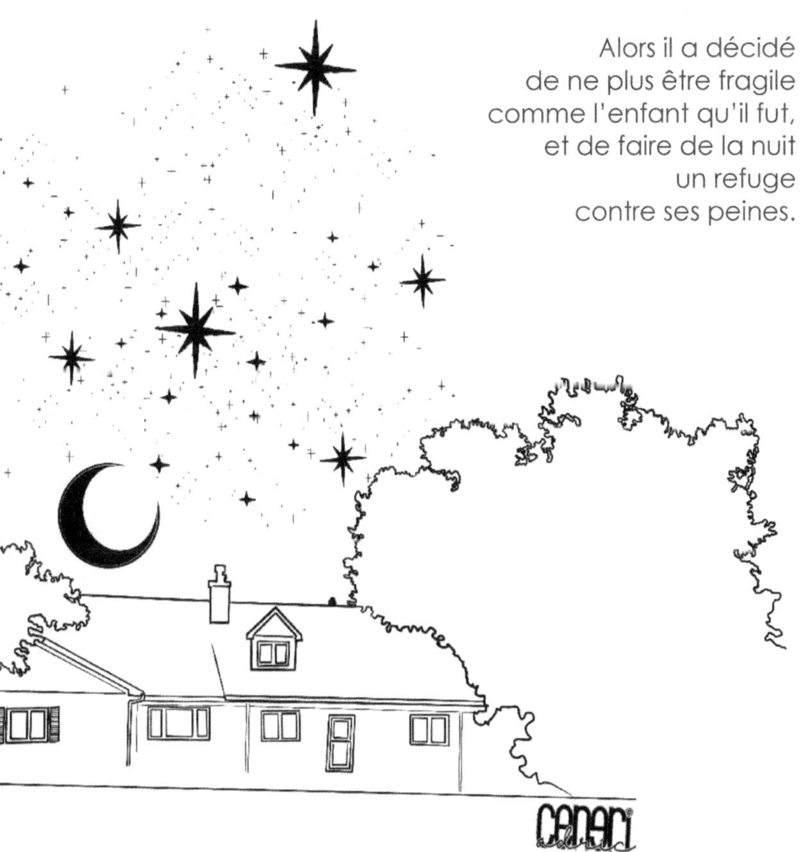

Un lieu qui le soutient…
et maintenant qu'il est adulte,
plus vraiment un enfant,
il demeure fissuré chaque nuit.
Il se confronte à son propre regard,
inventant mille raisons
pour s'autoriser à pleurer…

Ainsi,
sa vie passe…
le temps file,
toujours trop vite,
toujours insuffisant.
Les larmes salées s'échappent…
Son âme s'est fendue
en comprenant
que nul n'échappe.

Même avec tout le courage…
le destin finit par nous rejoindre,
toujours,
il nous rattrape.

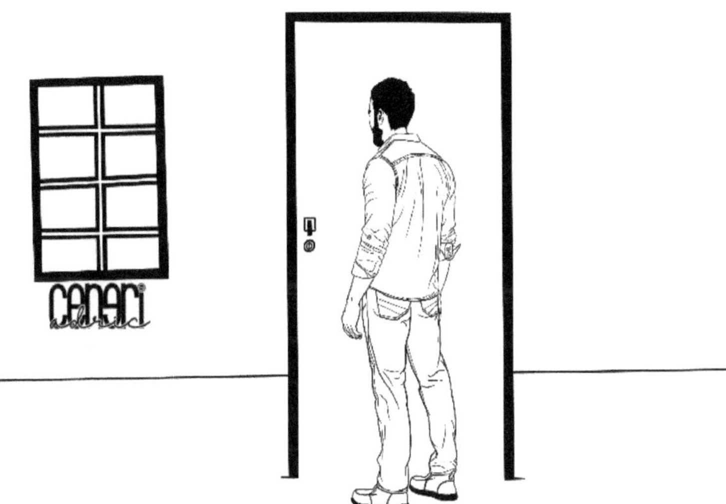

— MES ÉCRITS

Je veux te raconter clairement ce qui s'est passé,
ce passé qui m'a conduit jusqu'à lui...
ces événements
qui ont fait de moi
celui que je suis.

Je sens encore le vide au fond de mon cœur :
un écho muet chargé de colère
et de douleur.
Dieu seul sait
ce qui s'est produit.

Je ne veux plus t'offrir d'excuses
nées du froid de ma peine.
Je veux la paix,
pour la partager à deux,
et te dire que ce n'est ni toi,
ni moi.

Je ne veux plus de tristesses
assombrissant notre amour.
Plus de larmes salées
trahissant ma peur.

Je veux simplement une vie
pleine de paix
et d'amour.

Tu ne sais pas encore qui je suis,
mais je suis prêt à te montrer mon récit,
à te laisser parcourir
les chapitres que j'ai vécus,
à te révéler la blessure
que je porte dans mon âme bleue.

C'est pour cela que je suis si reconnaissant :
ton amour me donne la force
d'avancer avec courage.
Sans ce passé,
ce présent serait autre,
et je ne serais pas
celui que je suis aujourd'hui.

Dans mes écrits
sont restées mes traces sur le papier.
Dans ce lit,
on m'a volé l'innocence et l'enfance ;
je suis ce livre
que l'on a brisé sans le lire.

On a changé mes chapitres
sans me demander.
On a gravé les tragédies
sur ma peau.
On a dépassé les limites,
et pourtant je suis encore debout,
luttant contre un destin infidèle.

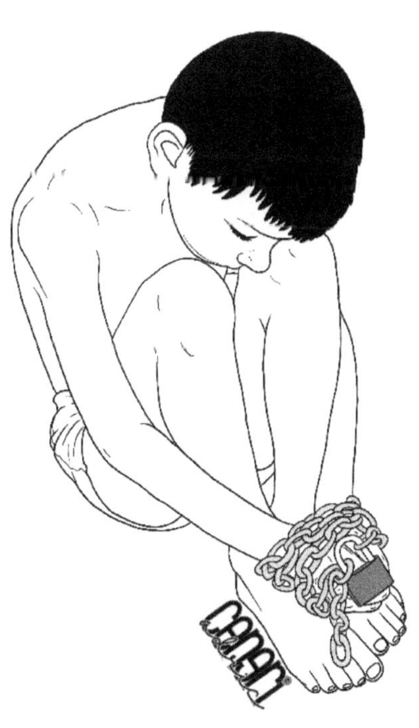

Je ne veux plus
de nuits sans fin
ni de songes tourmentés.

Aujourd'hui, à tes côtés,
je rends grâce à Dieu.
Au passé,
je remets toute ma rancœur.

C'est toi
que j'ai choisi
pour partager ma vie et mon amour,
toi qui es capable de m'accepter
tel que je suis.

Mes tristesses,
je suis le seul à les apprivoiser.
J'espère que tu entendras ma voix
et comprendras mes mots :
pour me connaître vraiment,
il faut aussi comprendre ma douleur.

N'essaie pas de réparer
ce qui n'a pas de remède.
Aime-moi
tel que je suis.

Je veux que tu saches
combien je suis reconnaissant :
ton amour me donne la force
d'avancer avec vaillance.
Mais comprends-le :
sans ce passé,
ce présent n'existerait pas.

Ce que tu lis,
c'est ce que je suis.
Et toi, tu es celui que j'ai choisi,
celui que j'ai décidé d'appeler époux
jusqu'à la fin de nous deux.

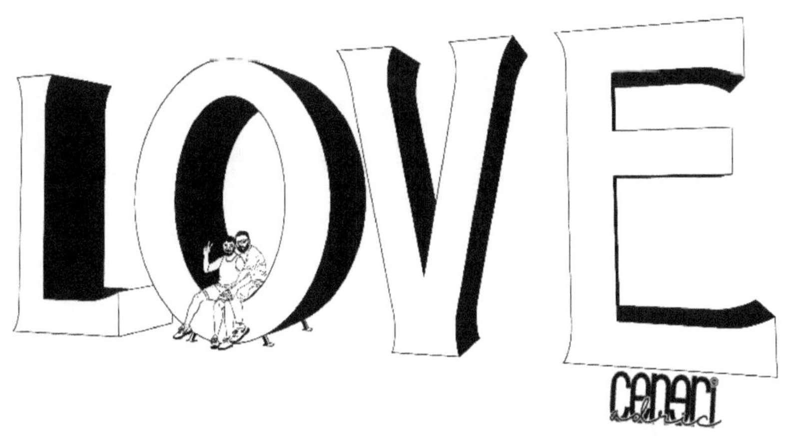

Tu as fait fondre mon froid,
fait tomber mes murs
par ton amour.
Tu m'as rendu vulnérable,
et pourtant tu m'as soutenu
quand la douleur parlait.

La vie a uni nos chemins,
nous a invités à créer
un amour sans fin.

Ne juge pas mes peurs :
elles ne sont que des reflets.
J'ai besoin de ta main
pour porter le vide de mon âme
et continuer à vivre
avec ce que je suis.

CHAPITRE V

À LA POURSUITE

À LA POURSUITE

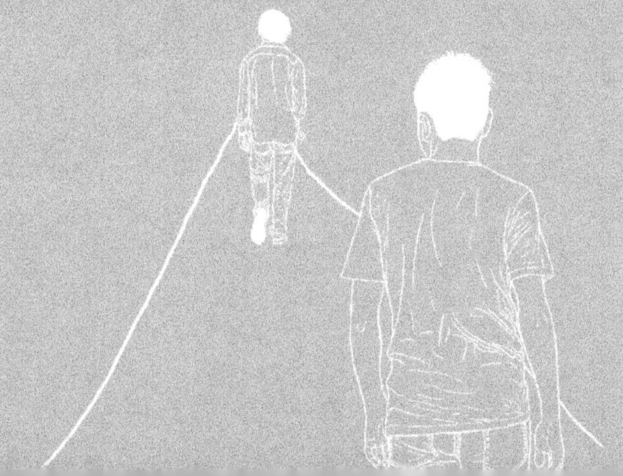

— CE PRINCE AZUR

Tu fus ce prince azur
qui me captura
d'un seul regard.

J'en fus si bouleversé
que je n'ai rien dit.
À cet instant,
j'ai compris
que quelque chose naissait en moi.

Dès le début,
tu t'es glissé dans mon cœur.
Par tes gestes doux,
tes baisers intenses chargés d'illusions.
Dès le début, je me suis donné à toi
avec toute mon émotion,
et le temps s'échappait
quand nous étions ensemble.

Je me souviens de ce mois de novembre où je t'ai rencontré,
de cet après-midi de quatre-vingt-seize,
quand, n'étant qu'un enfant, je suis tombé amoureux de toi.
J'ai cru à toutes tes promesses
sans rien savoir de toi ;
je me suis cru tien...
et tout a commencé là.

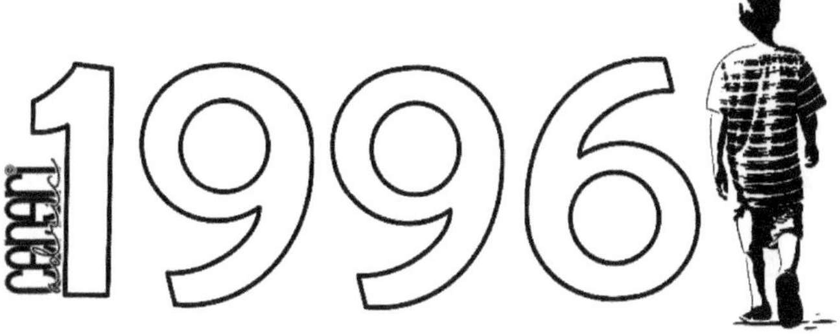

Puis il a fallu m'éloigner de toi,
et mon cœur s'est brisé sans toi.
On m'a forcé à partir,
ce ne fut jamais mon intention
de te blesser ainsi.

Mais tu vois, la vie se trouble
quand on tente simplement de vivre.
Je n'étais qu'un enfant
à qui l'on n'a pas laissé le choix du destin.

L'hiver est revenu,
et sans toi,
son froid m'a traversé.
Tandis que je pleurais pour toi,
j'ai compris à cet instant
que je devrais
apprendre à vivre sans toi.

Les circonstances ont toujours été
contre nous deux.
Je n'étais qu'un enfant privé de mère,
et toi, tu m'offrais ton cœur.

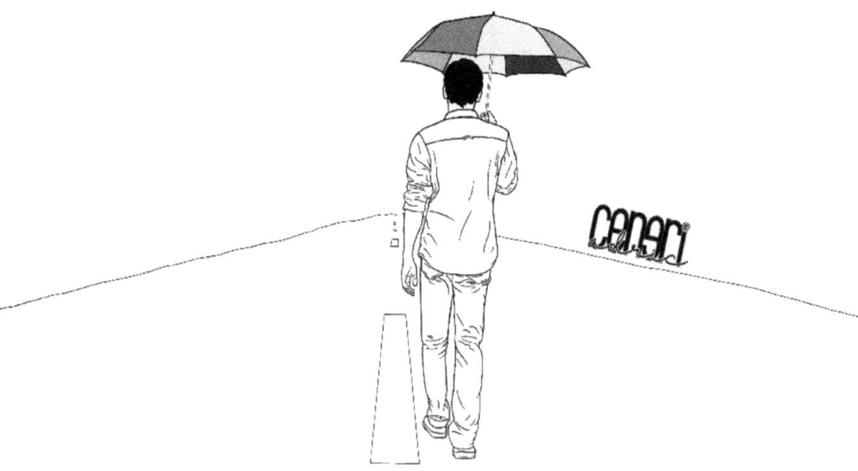

Cette aube de septembre
de l'an deux mille,
je t'ai regardé en silence,
sachant que je te quittais.

J'ai cru qu'il valait mieux
ne rien dire de mon départ.
Je me suis senti lâche,
mais j'ai continué.

J'ai continué en croyant
qu'un jour je reviendrais vers toi.
Jamais je n'ai voulu
te faire souffrir ainsi.
Je n'étais qu'un enfant
à qui l'on n'a pas laissé
le choix de son destin.

— REMORDS

Je peux encore me souvenir de ce jour-là…
j'étais trop jeune pour comprendre,
et pourtant, aujourd'hui encore,
les remords fissurent mon être.

Les souvenirs de notre hier
ne s'effaceront jamais.
Mais le temps poursuit sa route,
et moi aussi, je dois avancer.

Un jour, je te reverrai.
Pour l'instant, je te dis au revoir,
jusqu'à ce moment…
Peut-être avais-tu raison,
ou peut-être était-ce ton erreur.

Aujourd'hui, cela n'a plus d'importance ;
comprendre ne changerait rien.
Peut-être pourrais-je enfin avouer
ce que j'ai tu pendant tant d'années.

Mais laissons cela pour plus tard…
tu es parti sans un adieu,
je t'ai laissé seul, à l'écart.
Tu m'as rendu heureux, le temps que cela a duré.

J'ai eu peur de te dire
l'ampleur de ma situation,
peur de te confier mon amour et ma douleur,
et maintenant, il est trop tard.

Quand j'ai appris ce qui s'était passé,
je suis resté immobile, la peau en frisson.
Comment me pardonner
et laisser mon erreur derrière moi ?
Si seulement je ne m'étais jamais détaché
de tes bras.

La fin t'a rejoint,
et ton hier s'éloigne chaque jour davantage.
Le temps continue sa marche,
et je dois marcher avec lui.

Je ne te dirai jamais adieu.
Je sais qu'un jour je te reverrai…
peut-être dans une autre vie,
ou peut-être j'attendrai,
simplement, patience.

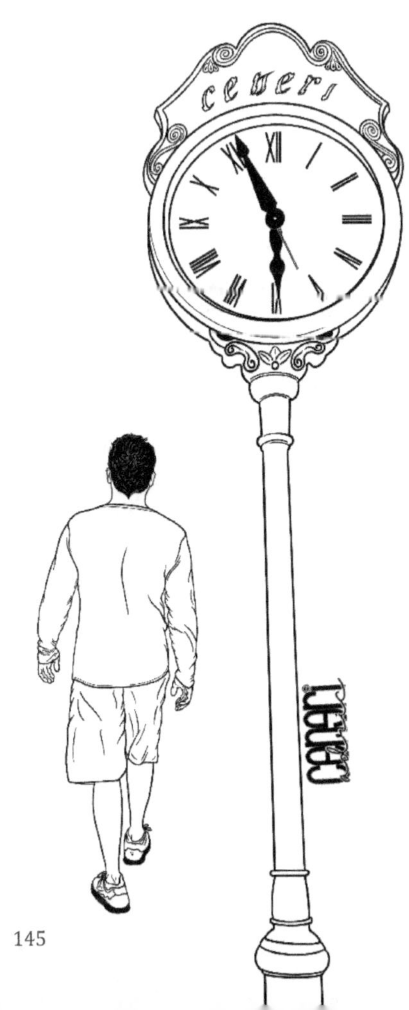

— JE TE PORTE AVEC MOI

Chaque fois que je m'endors,
dans mes rêves… tu es là.
Le temps a passé,
et pourtant je ne t'ai pas oublié.

J'aimerais croire
qu'un jour tu reviendras,
mais je sais bien
que c'est là ma peine.

De ton départ,
il ne m'est resté que le regret ;
tu as été pour moi
ce qu'il y avait de plus incroyable,
de plus beau.
Et aujourd'hui que tu n'es plus à mes côtés,
tu es devenu
mon souvenir le plus précieux.

Je ne t'ai jamais dit la raison ;
pardonne-moi de t'avoir caché ce qui s'est passé.
Tu es parti en croyant que je t'avais trahi,
mais je me suis éloigné
pour le bien de nous deux.

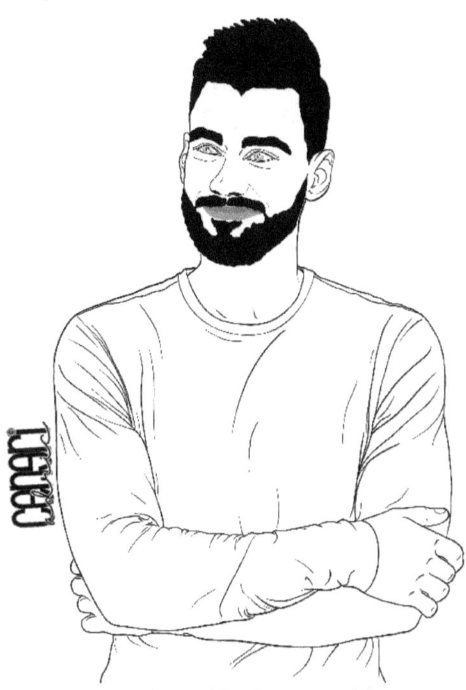

Aujourd'hui, quand je pense à toi,
je souris avec douceur.
Merci de m'avoir accueilli
dans la chaleur de tes bras.
Si tu savais…
jusqu'à ce jour, personne n'a réussi,
personne n'a pu effacer
ce que nous avons vécu.

Sans détour, je te porte avec moi.
Mon plus grand amour
est celui que j'ai connu avec toi.

Si la vie nous offrait
une autre chance,
si seulement je pouvais te dire
que je t'ai aimé sincèrement…

Que tes caresses douces me manquent,
que ton regard profond me manque,
tes yeux couleur de miel.

Mais même si je désire tant
te revoir,
aujourd'hui tu n'es plus
que la plus belle part de mon hier.
Et je te garderai toujours en moi,
intact,
dans mes souvenirs,
comme l'unique manière de te posséder encore.

Je t'avoue que je te rêve,
et qu'à chaque réveil
le reproche revient
me tourmenter.

Je sais que je suis fort,
mais je ne veux pas t'oublier ;
et même si je le voulais,
je n'y parviendrais pas.
Ce que tu m'as donné,
personne ne me le donnera jamais.
Je n'en doute plus :
tu m'as aimé pour de vrai.

Aujourd'hui, je comprends
pourquoi nos chemins se sont croisés,
je comprends tes baisers
et les miens.
Et je te porte toujours au fond de la poitrine ;
à travers le temps,
je te porte avec moi.

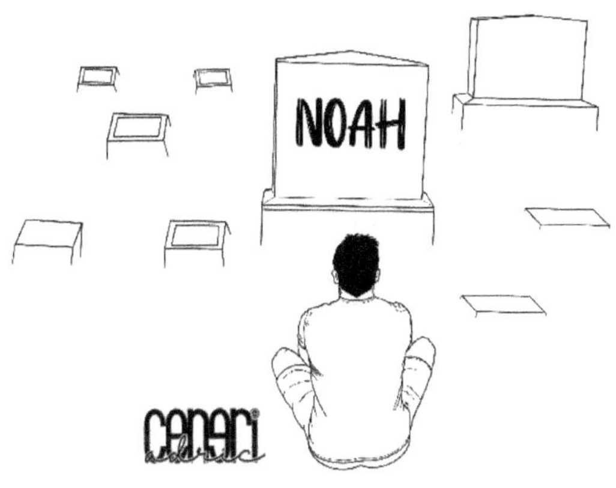

L'amour est la chose la plus inexplicable au monde,
mais avec toi,
il fut absolu,
d'une intensité
que je n'ai jamais retrouvée.
Et lorsque je réalise ton absence,
je m'effondre en silence.

Si seulement je pouvais te dire que je t'aime...
je te donnerais même
ce que je n'ai pas
pour un instant près de toi.
Je t'offrirais mon âme entière
si tu revenais vers moi.

Si seulement tu revenais,
je te montrerais combien je t'aime.
Je serais heureux
rien qu'en retrouvant tes bras,
je revivrais
ce que nous avons partagé autrefois.
Mais pour aujourd'hui,
je te porte simplement avec moi.
Mon plus grand amour,
intact,
reste celui que j'ai vécu avec toi.

— JE SUIS DÉSOLÉ

La seule chose que je puisse te dire,
c'est que je ne sais plus qui tu es.
Sache-le : tôt ou tard, je renoncerai ;
mon amour pour toi
est un sacrifice
que je ne veux plus offrir.

Tu me pousses, tu me manipules,
et je suis sur le point de partir.
Sur le point de m'éloigner
de ce que je ne peux pas avoir,
sur le point de te laisser partir
avec mes mensonges.
Sur le point de fuir,
comme l'homme craintif
que j'ai souvent été.

J'ai toujours été centré sur moi,
et je n'ai jamais su changer cela.
J'ai tenté de devenir quelqu'un d'autre…
et tu vois, j'ai échoué.

Je me sens prisonnier
de ce que j'ai moi-même construit.
Coupable de ce que je ne suis pas,
de ce que je suis devenu,
et de cette conscience
qui s'enfonce sans pitié
dans ma raison.

La seule chose que je puisse te dire,
c'est que ceci n'est pas ce que je veux.
Je veux autre chose
que ce que nous avons.
Je ne peux pas me permettre
de voir mon cœur se fragmenter.
Je sais que je ne suis pas parfait ;
le prix de l'effort
est trop élevé.

Pardonne-moi pour ma confusion,
pour ce que je suis.
J'ai fui moi-même
bien trop longtemps,
simplement pour éviter la douleur
et le poids que je porte.

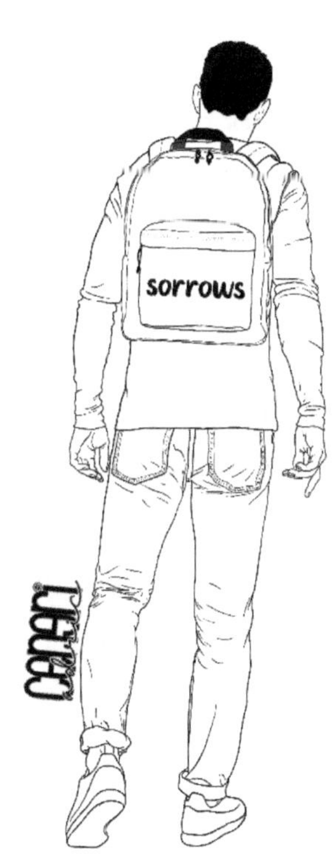

J'aimerais que Dieu me dise
que tout ira bien.
J'aimerais être soulagé
de ce fardeau, maintenant.
J'ai traversé tant d'épreuves…

Et souvent, je n'ai eu personne.
Il m'est douloureux de constater
que je finis toujours le cœur blessé.
Mais ce que je déteste le plus,
ce sont les traces qui ne s'effacent pas.

J'aimerais te dire
que je ne crains pas la douleur,
mais ce serait encore un mensonge
parmi tant d'autres.
Honnêtement, je ne t'en veux pas
d'être fatigué ;
au fil des jours,
je m'approche moi aussi
du pays des lassés.

Avec le temps,
mon jugement vacille ;
le bien et le mal s'entrechoquent.
Et tandis que je me défais,
je regrette tout :
ce que j'ai dit,
et ce que je n'ai jamais su dire.

Il me peine de n'avoir pas encore trouvé
une raison claire d'avancer.

Mais, comme le temps —
les jours, les années, les décennies —
je dois continuer.

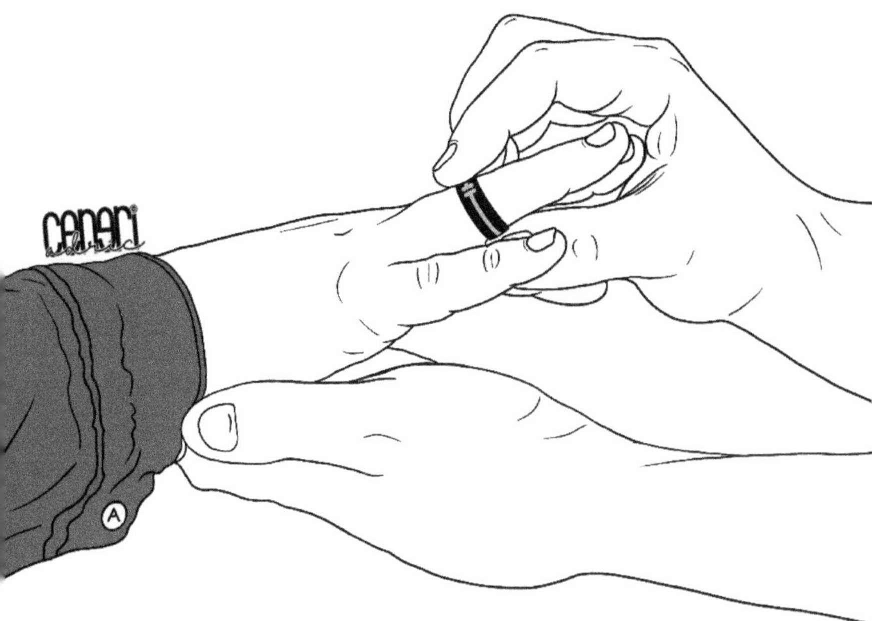

— SI TU LE VOULAIS

Si tu le voulais,
tu aurais tout de moi.
Si tu le disais,
je saurais à nouveau
ce que veut dire être heureux.

Si tu le voyais,
j'apprendrais à sourire.
Si seulement tu savais
combien je te désire encore.

La nuit est plus froide
depuis que je t'ai laissé partir.
La lune ne brille plus vraiment,
et je me sens seul,
sans nouvelles de toi.

Je t'attends,
enveloppé de désirs
et de promesses fragiles
que j'aimerais encore tenir.

Je t'attends,
à la fois anxieux et patient,
pour que, lorsque tu reviendras,
je retrouve l'élan de vivre.

Je serai le frisson
de ta passion,
l'élan brûlant
de ton imaginaire.
Je serai refuge
de tes peurs les plus profondes,
et je t'offrirai, sans détour,
tout ce que je suis
et tout ce que j'aime.

Reviens, beauté,
reviens, je t'en prie.
Je m'accroche à ton absence
et je t'attends
jusqu'à l'aube naissante.

— UNE ILLUSION DU PRÉSENT

Aujourd'hui, je te retrouve
à me regarder ainsi, avec amour.
Et penser que je t'avais écarté de ma vie…
mais aujourd'hui, en te voyant sourire,
tu rends confiance à mon cœur
et je te laisse entrer,
sans réserve, pour nous aimer.

Mes pensées embrument mon esprit,
cherchant à se souvenir
de nos conversations profondes.
Mes émotions me montent aux yeux…
et dans tes bras,
plus rien ne m'effraie.

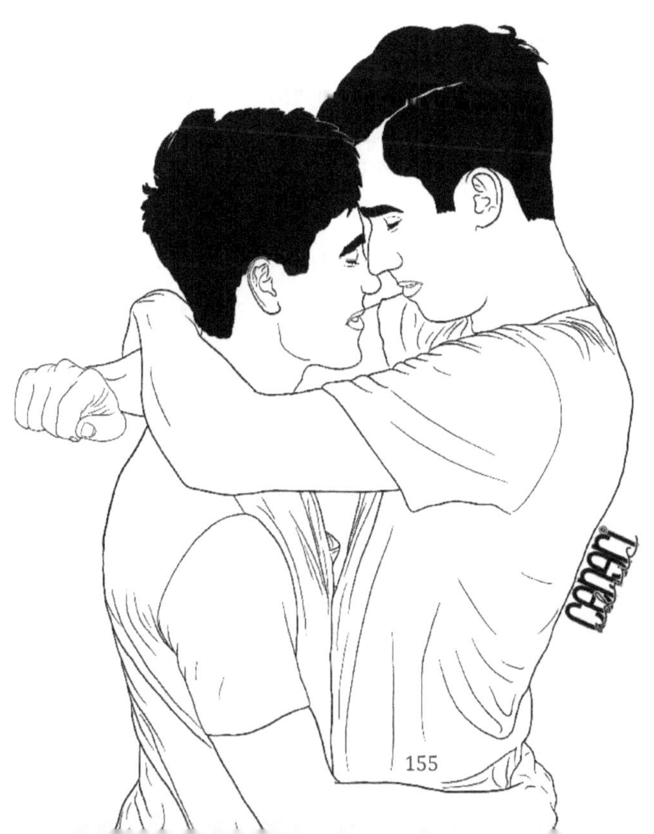

Je veux sentir
comment tu allumes mon âme.
Je veux te laisser m'aimer
sous la lune, en douceur,
et voyager à travers nos baisers
jusqu'à ce que la vie nous surprenne
au seuil de l'aube.

Je voudrais
ne jamais avoir à te dire adieu.
Je veux que tu restes avec moi,
longtemps encore,
car aujourd'hui tous mes sentiments
se tournent vers toi,
et tu redonnes à mon cœur
le goût du bonheur.

Je sais que la vie
nous réunit aujourd'hui
une fois de plus,
et de tout mon être je souhaite
que tu ne t'éloignes jamais de moi.

Tu es ma lumière,
mon inspiration,
mon étoile singulière,
une illusion du présent
qui me complète.
Tu es ma joie,
mon élan,
une présence entière,
une illusion du présent,
mon cadeau.

Aujourd'hui, si tu le veux,
je pars avec toi parcourir le monde.
Je te jure que même ce que je n'ai pas,
je te l'offrirai.
Je n'ai plus de raison
de vivre sur la défensive,
et il n'est pas de peine plus cruelle
que de vivre sans ton amour.

Si tu le désires,
emmène-moi là où repose le soleil,
jusqu'au fond de l'océan, sans crainte.
Aime-moi, et je promets de t'aimer avec soin,
lie-moi à ton chemin et je resterai—
sans jamais te retenir,
sans jamais t'imposer un adieu.

Mon amour pour toi
est profondément sincère.
Aujourd'hui je comprends
que t'aimer est naturel.
Toi seul connais les raisons de mon attachement,
et même si je le voulais, je ne pourrais
ni t'éloigner… ni te retenir.

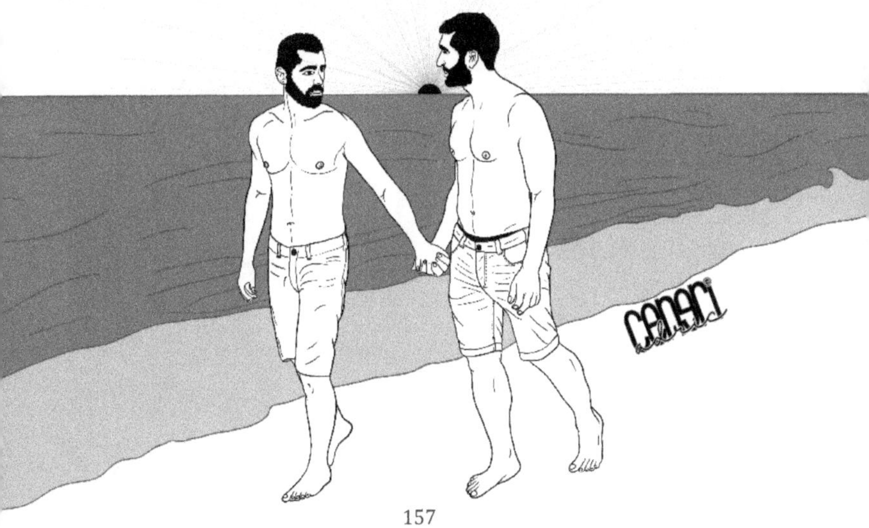

Je te désire jusqu'à l'excès,
ma soif est vive.
Je t'aime tant
que ta présence m'est essentielle.
Mais je t'aime davantage encore :
je ne pourrais jamais te blesser,
et je préfère que ce soit toi
qui choisisses de rester à mes côtés.

Car grâce à toi,
ma vie retrouve son sens.
Grâce à toi,
la solitude s'efface.
Grâce à toi,
mon cœur recommence à battre,
encore et encore…
car je t'aime
chaque fois que je m'éveille à l'amour.

— MON SAINT-VALENTIN POUR TOI

Voilà ce que ressent mon cœur ;
tu l'as brisé sans raison.
Ma seule vérité est celle-ci :
voici mon Saint-Valentin pour toi.

Je suis las de toi,
fatigué d'attendre
qu'un miracle survienne.
Stupide que j'ai été,
à croire que je pourrais changer tes idées.

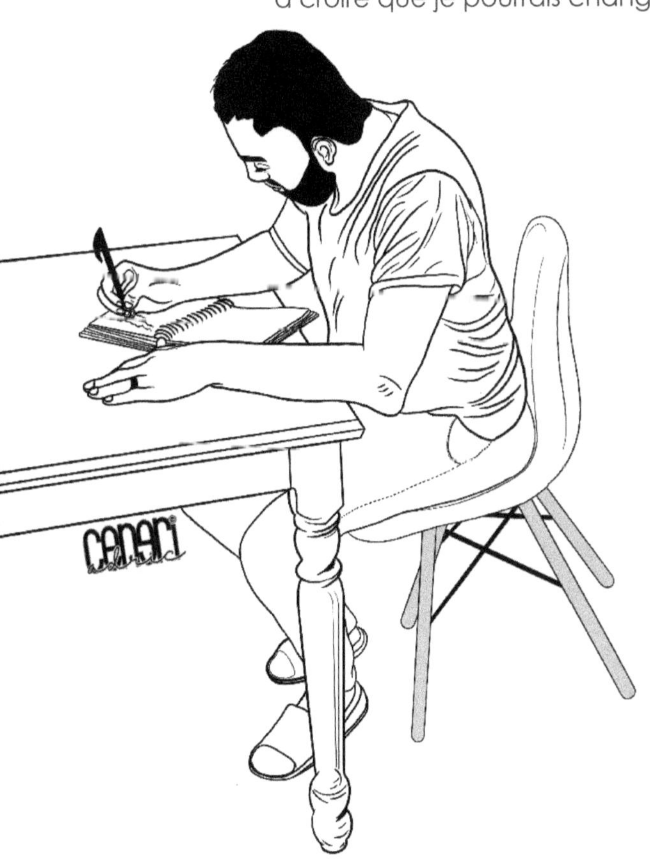

Je suis aussi coupable, je l'admets ;
je sais bien que je ne t'ai jamais vraiment demandé
qui tu étais.
Et sans rien exiger en retour,
je suis tombé amoureux de toi.

Je sais que tu me détestes pour t'avoir dit la vérité,
car ce n'est pas de toi que je suis tombé amoureux ;
il n'était pas réel.
Et mon amour a été assassiné
par le temps... par la réalité.

C'est difficile, et cela m'effraie de l'avouer,
car je ne sais plus
si je ressens encore quelque chose pour toi.
Voilà le péché de mes émotions,
et tu es la raison
de ce trouble en moi.

Je sais qu'avec le temps
je trouverai ce que je cherche,
mais pour l'instant
je veux rester loin de toi.

Je sais aussi que tu regretteras
d'avoir été si brutal,
mais à ce moment-là
je serai déjà loin,
à des kilomètres de toi.
Le temps te montrera
à quel point tu seras seul.
Dès maintenant,
je peux imaginer tes larmes.

Tu as choisi ce destin,
et j'ai su le comprendre,
mais aujourd'hui
je mets un point final
à notre histoire infidèle.

— ET QU'EST-CE QUE TU ATTENDAIS

Tu le vois bien,
je ne suis plus l'enfant d'hier.
Le temps m'a transformé, je le sais,
et jamais je ne redeviendrai
celui que j'étais avant.

J'ai cru
à l'amour que j'ai ressenti un jour.
Mais en me regardant dans le miroir, j'ai compris
que l'illusion m'a laissé brisé
au moment de partir.

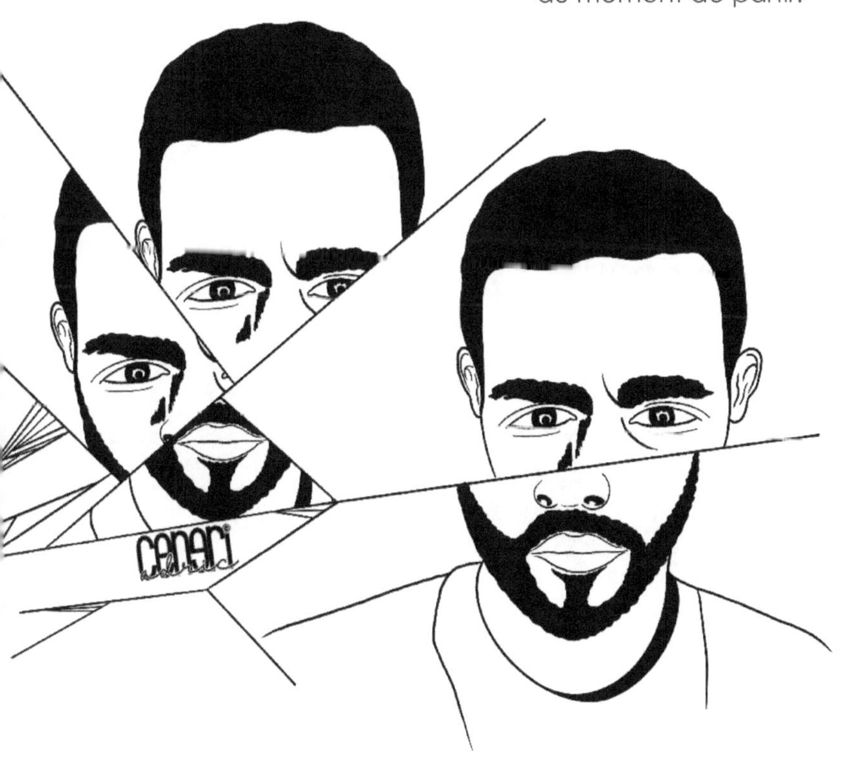

Alors,
dis-moi ta version.
Raconte-moi ce qui s'est passé,
sans détour, dis-moi la vérité.

Et qu'est-ce que tu attendais ?
Mes yeux se sont lassés
de te chercher.
Mon âme s'est figée
dans une attente éternelle
qui n'a jamais pris fin.

Et qu'est-ce que tu attendais ?
Tu es parti avec toi
tout ce que je t'ai donné.
Et malgré mes nuits en larmes,
j'ai toujours cru
que tu reviendrais vers moi.

J'ai été naïf
de croire encore à l'amour.
C'est toi
qui as déchiré mon illusion.
Et je suis resté
seul, avec ce vide dans le cœur.

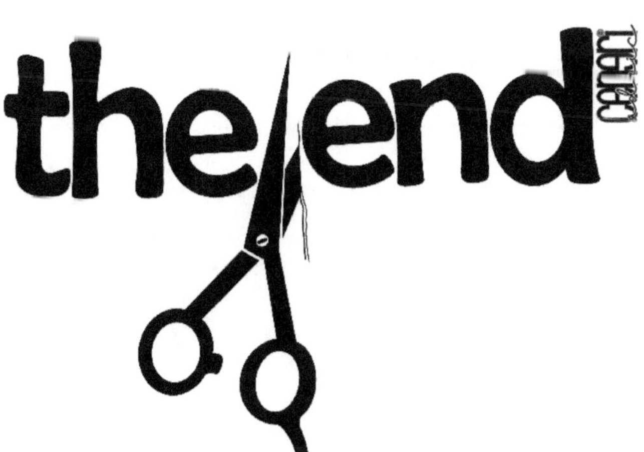

Écoute-moi :
tout dans la vie a une fin.
Et même si cela me fait mal,
je ne mentirai pas.
Je t'ai beaucoup aimé,
mais tu fais désormais partie de mon passé.

Dis-le-moi, s'il te plaît,
je veux entendre
ta version absurde.
Mais ne mens pas :
la vérité, je la connais déjà.

Et qu'est-ce que tu attendais ?
Tu m'as laissé à mon sort, et je me suis perdu.
Le froid de ton absence
m'a rempli de douleur et, pendant des années,
je suis resté là, sans condition.

Et qu'est-ce que tu attendais ?
J'ai vécu l'enfer dans ton absence.
Comment veux-tu
que je coure vers toi aujourd'hui,
s'il ne reste en moi
qu'une amertume silencieuse ?

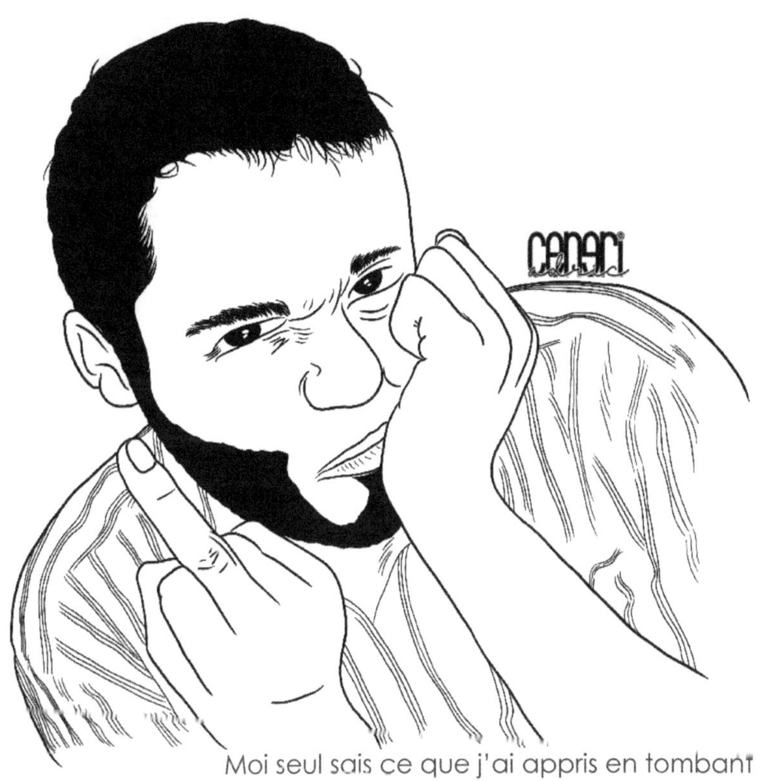

Moi seul sais ce que j'ai appris en tombant :
j'ai appris à m'aimer plus que d'aimer.
Tu m'as laissé vide, sans autre choix.
Je ne regrette pas ma décision.

Qu'attendais-tu ?
Quand mon âme entière est tombée à terre.
Qu'attendais-tu ?
Quand il m'a fallu la relever seul, sans absolution.
Ne t'étonne pas…
si aujourd'hui, c'est moi
qui mets un point final.

— DANS UN COIN DE MES SOUVENIRS

Aujourd'hui, tu ne vis plus
que dans mes souvenirs,
dans mes pensées.
Et même si je ne t'ai plus,
je garde encore de toi
chaque émotion
que mon cœur s'obstine à ressentir.

Car la raison, parfois, se montre lâche,
et en partant
tu m'as laissé brisé.

Aujourd'hui, j'ai atteint mes objectifs,
je devrais me sentir heureux,
mais depuis que tu n'es plus là,
exister m'est devenu difficile.

Tu ignores
le poids de cette tristesse,
maintenant que tu n'es plus avec moi.

Je n'ai jamais voulu rompre mes promesses,
et aujourd'hui il est trop tard…
tu es parti.

J'aimerais m'asseoir sur ce banc,
et croire que la vie
nous réunira à nouveau.
Et la nuit, en regardant les étoiles,
comprendre
que tu m'attends encore,
attendant ton enfant.

J'aimerais voler au temps ses clés
et revenir à ce que nous avons vécu.
J'aimerais avoir le courage des oiseaux
et m'envoler
là où le destin me mènera.

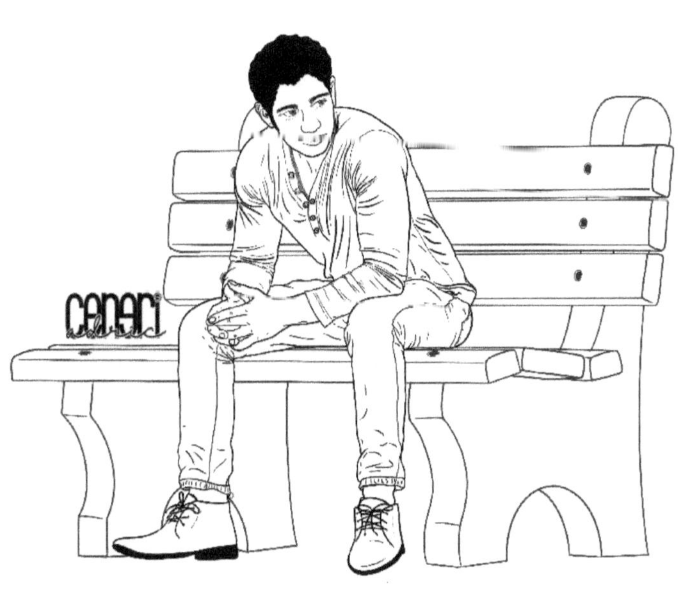

Aujourd'hui je sais que tu fus la seule personne
à m'avoir aimé sans conditions.
Et moi, envahi de peurs,
j'ai laissé mes rêves s'échapper.
Tu étais mon unique désir,
et je t'ai perdu.

J'aimerais courir dans la rue,
t'aider à porter tes bagages,
croire que tu reviens entier,
que tu choisis de rester,
que tu veux simplement me voir heureux.

Mais mon désir est impossible,
et mon cœur demeure fendu.
Je sais que je ne mérite pas le pardon,
et peut-être pour toujours
j'attendrai un apaisement.

— JE VAIS M'ARRACHER LE CŒUR

Dans les abîmes de mon esprit,
je veux dissiper toute la douleur.
Avec le temps, mon orgueil me trouble,
tout comme mon cœur fragile.

J'ai toujours appris à dire adieu
sans amour.
Je suis resté creux, presque insensible,
au point de n'avoir plus qu'une envie : partir.

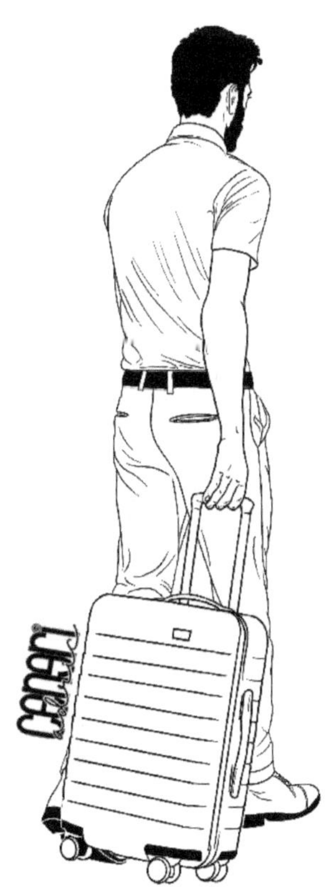

Ce n'est pas toi la cause
ni la raison de ma peine.
Je ne te vois pas dans mon avenir,
et c'est pour cela que je m'en vais.

Je n'ai plus la force de me livrer
à un autre amour éphémère,
car la vie, avec moi,
a déjà trop exigé.

Et si tu penses que tes baisers
me feront pleurer,
tu te trompes…
à vrai dire, je souris d'amertume.

Ne m'attends pas au dîner,
je n'en vaux pas la peine.
Alors adieu,
je pars déjà.
Je porte mille blessures
qui, dans mes valises,
continuent d'alourdir mon cœur.
Je suis un scénario
étranger à moi-même
et, pour l'instant, à l'amour.

J'aurai toujours
un cœur fendu et vide ;
il vaut mieux partir,
pour le bien de nous deux.

Ne t'inquiète pas pour moi,
vraiment.
Mes yeux se sont asséchés
à force de pleurer.
Mais ne pleure pas en croyant
avoir mal agi ;
en vérité,
c'est le passé
que je n'arrive pas à lâcher.

J'aurais dû te le dire
dès le début, sans détour,
pour que tu puisses comprendre.

Cette fois,
je choisis le silence du cœur.
Je ne veux plus croire
aux mirages de l'amour.
Je n'emporte rien
au-delà des frontières du temps ;
seulement des souvenirs,
à laisser se consumer en moi.
Car les garder vivants
ferait encore plus mal.

Alors choisis
un autre chemin.
Je ne suis pas le bonheur.
Je suis une âme parmi d'autres,
en quête d'une fin plus juste.

Désormais,
je veux fermer les yeux un instant
et me reposer,
quand mon cœur, enfin,
apprendra à se calmer.

— LE PASSÉ ET LE PRÉSENT

J'ai cherché l'amour partout, sans jamais le trouver.
J'ai connu le plaisir, l'ivresse des corps, trop souvent.
J'ai voulu aimer sans me protéger,
puis j'ai choisi la rancœur, renonçant à l'amour pour me
sauver.

Brisé au dedans,
j'ai cherché refuge en tous lieux.
J'ai poursuivi cet amour
que l'enfance m'avait refusé.
Je n'ai pas d'excuse pour mes élans aveugles,
mais j'avais besoin d'affection,
et mon innocence en a payé le prix.

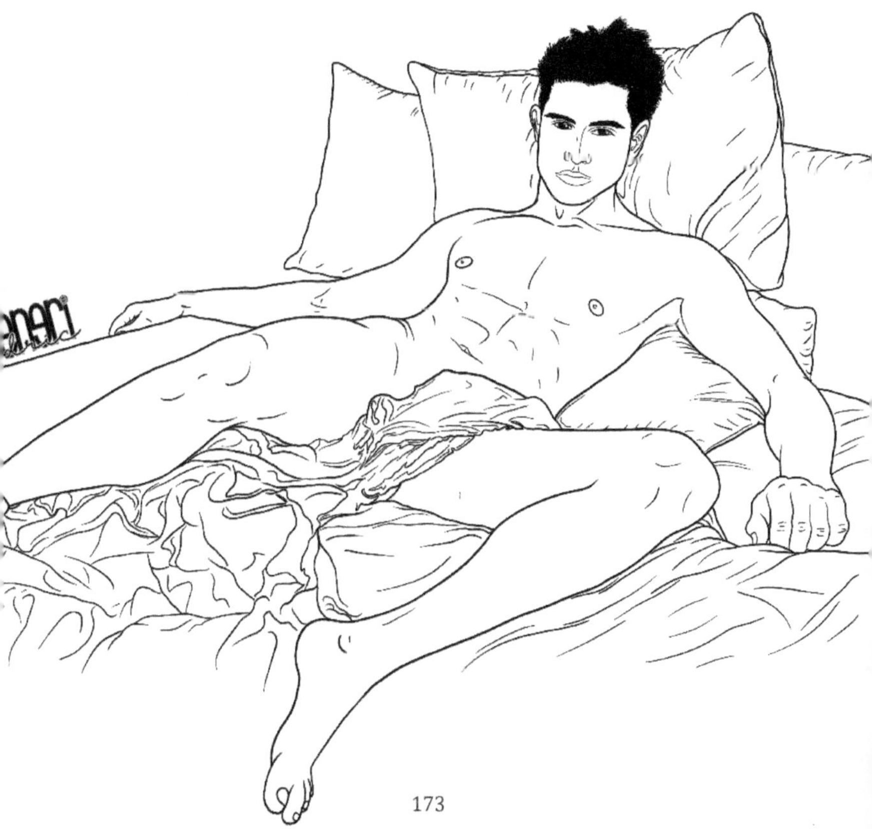

Avec le temps, j'ai appris
que rien n'est parfait.
J'ai tout perdu
et pourtant j'ai espéré mieux,
luttant pour une vie
qui semblait se flétrir sans cesse.
C'est alors
que ma colère a commencé à m'empoisonner.

La solitude fut le début de ma prière ;
aujourd'hui je sais
que quelque chose de vrai
change en mon cœur.
J'ai changé pour me protéger
de la dureté du monde et de sa violence,
pour sauver ce qui restait
de mon essence.

Je me suis arrêté,
j'ai cessé de chercher des réponses.
J'ai vécu seul,
loin de l'amour et de la haine,
cherchant simplement la paix
pour exister.
Il m'a trouvé fatigué, usé,
et j'ai bâti mon refuge à ma manière.

Adric Ceneri
Just now · 🌍

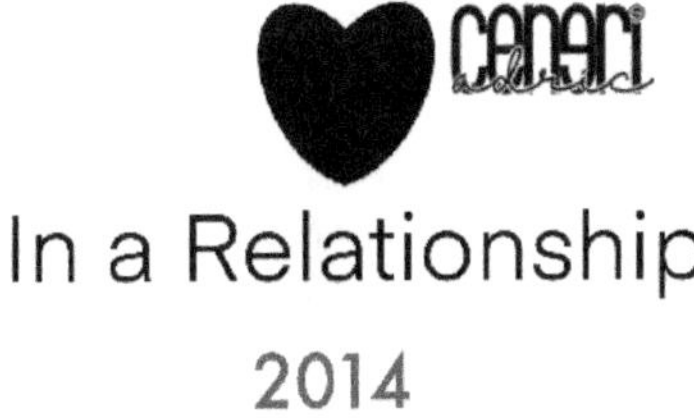

In a Relationship
2014

En réparant les blessures
qui m'ont façonné,
il m'a trouvé au moment
où je doutais encore du bonheur.

Je dois dire qu'il m'a appris
qu'il y a toujours une raison de vivre.
Je suis tombé amoureux de sa compassion,
et devant lui, j'ai déposé mes armes.
Je ne suis ni ne serai parfait ;
je promets seulement un amour sincère,
même imparfait.
Je ne suis peut-être pas l'idéal rêvé,
mais je peux lui offrir
un présent authentique.

Je n'ai peut-être pas grand-chose à offrir,
mais j'ai des intentions
qui méritent d'être découvertes.
J'ai ce qu'il faut
pour le faire sourire.
Je sais l'aimer comme je l'aime déjà
et marcher avec lui
ce pas de plus, sans fuir.

Je n'ai que cette poésie simple,
et mille mots tendres,
un verre de vin prêt
pour célébrer lentement.
Et cette invitation
à rester entre mes bras.
Je veux bâtir avec lui
un foyer, pas seulement une maison.
Un lieu où nous sèmerons l'avenir ensemble,
où l'amour grandira
et se soignera chaque jour.
Notre propre histoire,
vécue comme nous l'aurons choisie.

CHAPITRE VI
ÉVEIL

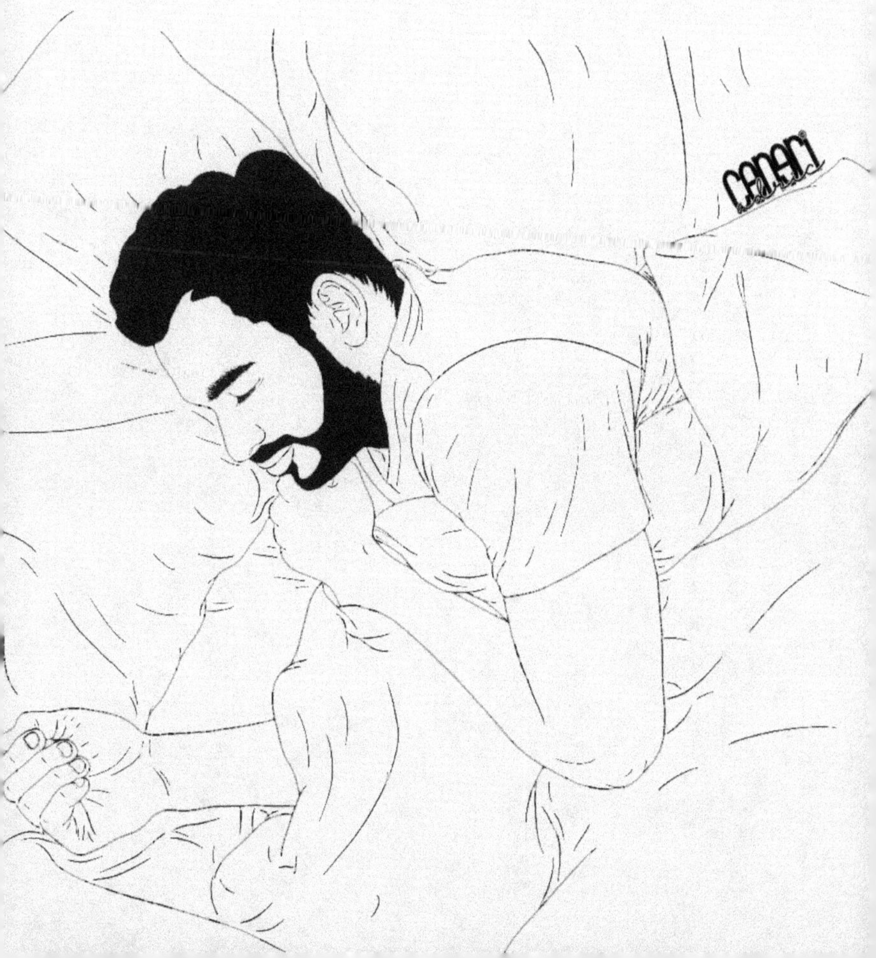

— QUI JE SUIS

Je veux te montrer
qui je suis vraiment.
Je te préviens :
ce que tu trouveras ici
peut te déranger.
Et si je te le disais maintenant,
que se passerait-il ?
Je le sais —
la vérité fait peur,
et peut-être partiras-tu.

Ou peut-être apprendras-tu
à m'aimer davantage,
même si cela fait mal,
même si aimer laisse des traces.
Et si je fuyais ta vie mille fois,
malgré la distance,
reviendrais-tu me chercher ?

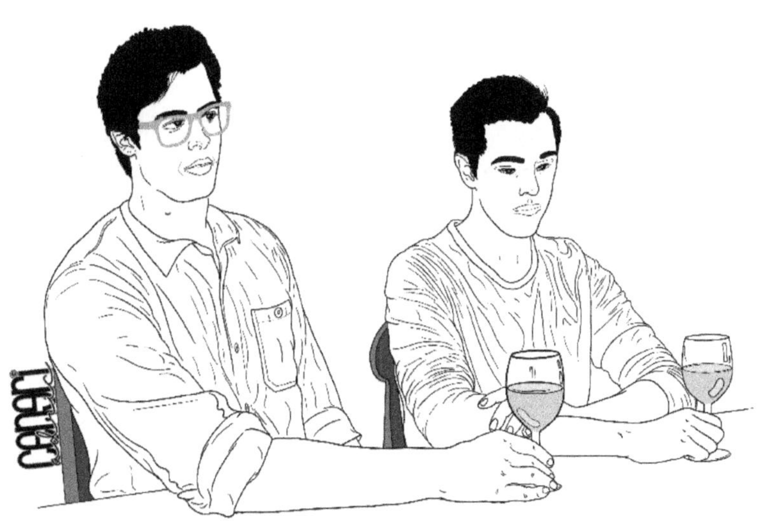

Pour rester avec moi
malgré ce que je suis.
Pour me rappeler
combien l'amour peut être fragile.
Pour me montrer
que l'ombre de mon cœur
fait aujourd'hui
partie de moi.

Nous gardons tous des squelettes
dans le placard.
Et malgré tout ce que j'ai fait,
je reste lié
à des souvenirs
qui continuent de me blesser.
La beauté se fane avec les années,
et je suis fatigué
de chercher la perfection —
je sais qu'elle n'existe pas,
et je ne suis pas en droit de l'exiger,
pas même de moi-même.
Qui est-ce que je veux tromper ?

Je veux que tu saches
que je t'ai attendu longtemps.
Que tu comprennes le poids
et le prix de mes fautes.

Nous avons tous des squelettes
dans le placard.
Dis-moi si tu peux m'aimer
sans m'interroger.
Pourrais-tu m'aimer ainsi ?
La perfection n'est qu'un conte inventé :
il n'y a pas de lumière
sans ombres dans l'âme.
Jure-moi que tu resteras à mes côtés,
que mon passé ne t'effraie pas,
que tu m'aimeras sans juger
ce que j'ai tu.

Aujourd'hui, je comprends
que je suis fort.
Que je n'ai plus peur
de l'inconnu.

Aujourd'hui, je sais
que j'ai mûri.
Je suis conscient :
ma part d'ombre
marche avec moi,
pour toujours.

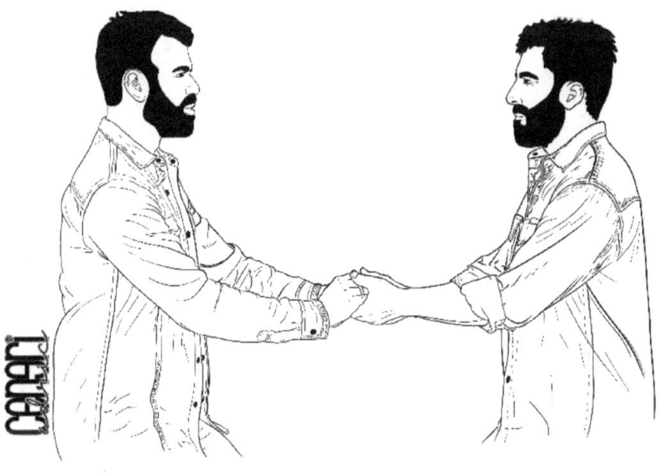

— JE VEUX RESSENTIR, JE VEUX VIVRE

Au réveil,
mes rêves se dissipent.
Mon cœur —
chargé de tant de douleur,
se fait presque silencieux.

Mais je renaîtrai,
je me battrai pour être heureux,
je réécrirai l'avenir
rien que pour moi.

Je consumerai la colère
dans des élans passagers,
je ferai fondre la glace
pour oser
t'admirer,
t'aimer.

Je ferai renaître l'amour
du plus profond du cœur,
j'inscrirai dans mon âme
une histoire plus grande.
Je veux te parler,
te rencontrer...
je veux écrire,
je veux vivre.

Je renaîtrai
des abîmes les plus sombres
et recréerai
un cœur sincère et tendre.

Je me reconstruirai,
je dépasserai ce que j'ai perdu,
je lutterai,
je choisirai le bonheur.

Je veux sentir en moi
le désir d'aimer,
je veux te dire maintenant
ce dont je suis capable —
dans un baiser,
dans un abandon partagé.

Je veux étouffer la fureur
sous le poids de la raison,
chercher tes lèvres
jusqu'à l'épuisement doux.
Je veux me lier à toi,
être ton amant…
je veux ressentir,
je veux vivre.

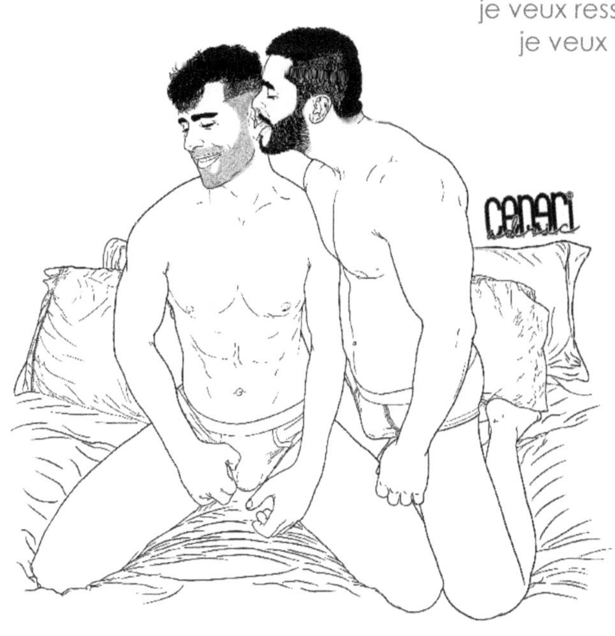

— J'ESSAIERAI DE T'AIMER JUSQU'AU BOUT

Juste fut ce matin-là
où je t'ai laissé entrer.
Tu m'as serré si fort
que je n'ai pas su fuir.
Pris dans tes baisers,
je me sens entier,
j'oublie mes peurs,
le temps s'arrête,
et je me sens apaisé.

Et oui…
je suis retombé amoureux.
Amoureux de ta sincérité.
À travers mes histoires blessées,
tu as guéri les cicatrices,
et aujourd'hui,
je n'ai plus envie de m'éloigner de toi.
Car toi,
tu donnes un sens à ma vie.
J'essaierai de t'aimer jusqu'au bout.

Tu es le destin sur mon chemin,
et je ne veux pas te lâcher.
Qui l'aurait imaginé ?
Mon cœur a refleurit.
Envoûté par tes baisers,
je me sens comblé ;
rien ne me manque
si tes bras me soutiennent.

J'essaierai de t'aimer jusqu'au bout…
je suis tombé amoureux de ta sincérité.

J'aime ta présence,
tu me fais tomber amoureux chaque jour.
Ne doute jamais de mon amour,
ne doute jamais.
Car oui…
je suis retombé amoureux.
Amoureux de ta sensibilité.

Aujourd'hui, en cet instant,
tu es ma plus grande joie.
Et je souhaite que nous avancions ensemble
jusqu'au bout…
oui, ensemble…
jusqu'au bout.

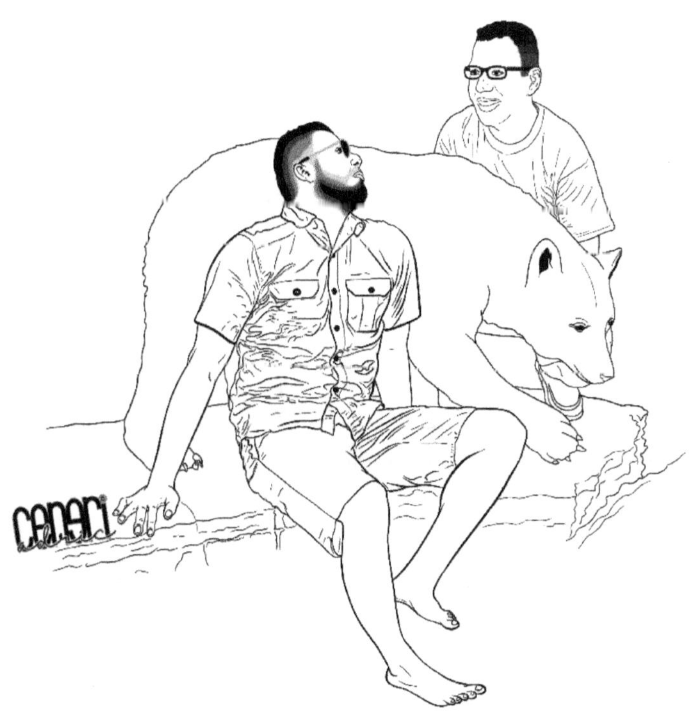

— REVENIR À LA LUMIÈRE

Le passé ne s'efface pas.
J'aimerais l'arracher de mon esprit.
Comment oublier
avoir touché le ciel
pour tomber droit en enfer ?

L'espoir m'a quitté trop tôt.
J'ai perdu face à l'ignorance.
Cette nuit-là, on m'a volé l'innocence —
mon corps a été trahi
encore et encore.

J'ai voulu renoncer, me laisser tomber.
Mais je n'y suis pas parvenu.
Le rejet a brisé mon élan,
déchiré mon âme.
Mon premier amour
a protégé mon cœur,
et l'espace d'un instant
j'ai oublié la douleur.
À personne n'importait ma souffrance.

Je l'ai vécu tant que cela a duré.
Peau tiède.
Nuits d'égarement.
Le paradis n'a duré que quelques instants.
Je ne voulais pas m'éveiller.
Je voulais que cela dure toujours.
Je voulais rester.
Mais le matin est venu
et la réalité s'est imposée.

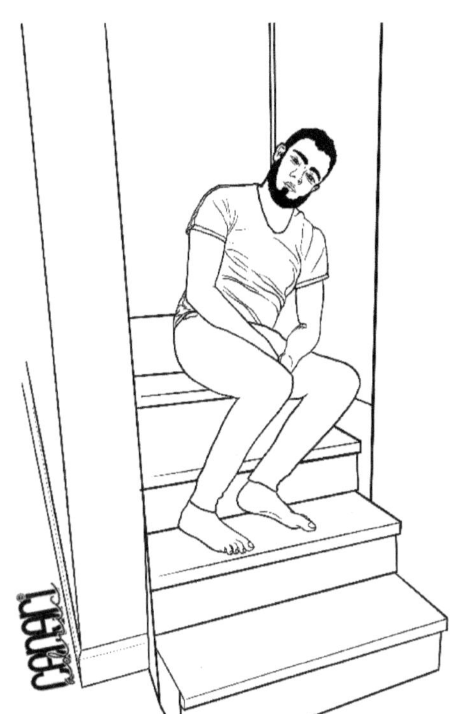

Ensuite, il ne resta que la colère.
Je ne savais qu'en faire.
J'ai perdu mon premier amour
et plus rien ne m'a consolé.

Je me suis livré à l'obscurité.
J'ai laissé mon cœur s'assombrir,
j'ai éloigné tout le monde.
La solitude est devenue refuge.

Il m'a fallu cinq ans pour comprendre,
mais j'ai réussi à revenir vers la lumière.
J'ai rassemblé les morceaux de mon âme,
j'ai cru — naïvement — à l'espérance,
j'ai laissé entrer l'amour…
pour découvrir, encore,
la trahison.

Le temps m'a rappelé qui j'étais.
J'ai couru sans m'arrêter.
La confiance brisée a éteint mes émotions.
J'ai choisi de me taire intérieurement,
j'ai serré mes peurs,
enfoui mon orgueil,
erré à l'aveugle,
et mon corps s'est épuisé.

Cette fois, j'étais vraiment brisé.
J'ai laissé entrer la solitude.
Je ne mens pas :
je me suis habitué à la douleur,
j'ai oublié comment aimer.
Blessé, je me suis caché,
j'ai fermé le monde,
choisi la voie la plus simple
pour survivre.

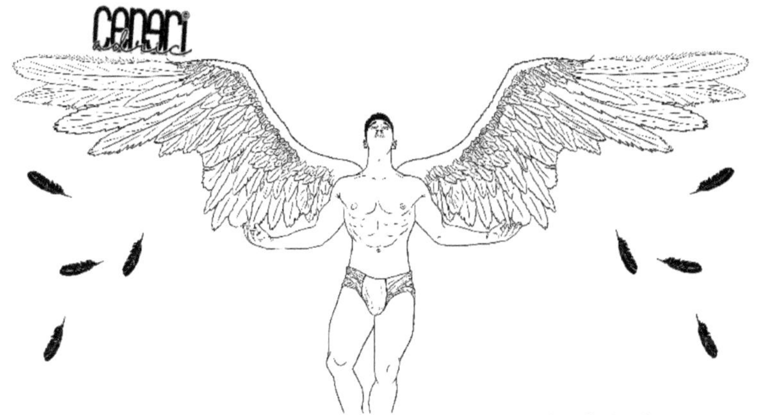

Mais cette fois, j'ai décidé de lutter.
Contre les ombres, contre l'abîme.
Je ne laisserais plus qu'on me prenne l'âme.
De mes propres mains,
j'ai réécrit mon histoire.
Je me suis relevé de l'obscurité
tel un phénix aux ailes sombres.

J'ai vécu amer,
nourri mes peurs,
habité la nuit.
La vie ne m'offrait rien —
jusqu'à ce que, ce soir-là, quelque chose arrive.
Je l'ai rencontré sans crainte,
sans attente,
et je lui ai montré
toute mon obscurité.

Je lui ai montré
la profondeur sombre de mon cœur.
Et d'une étrange manière,
nous nous sommes rejoints.
Il rassemble mes fragments,
jour après jour.
Il commence à me comprendre.
Et mon cœur
apprend une autre voix.

Mon âme,
enfin, bat
au rythme de l'amour.

— MON UNIQUE AMOUR VÉRITABLE

Ne pars pas maintenant, je t'en prie,
reste avec moi pour longtemps encore.
Je ne m'étais jamais senti ainsi,
et j'ai l'impression que l'attente s'achève enfin,
car aujourd'hui mon cœur
choisit de s'offrir à toi.

J'étais perdu dans mes souvenirs,
et tu m'as ramené à la réalité.
Je ne me suis jamais senti aussi vivant
que lorsque ton regard me rencontre sans hésiter.

En vérité,
j'ai toujours marché seul…
et aujourd'hui la solitude s'efface.
Tu m'as appris qu'aimer n'est pas fuir,
mais rester.

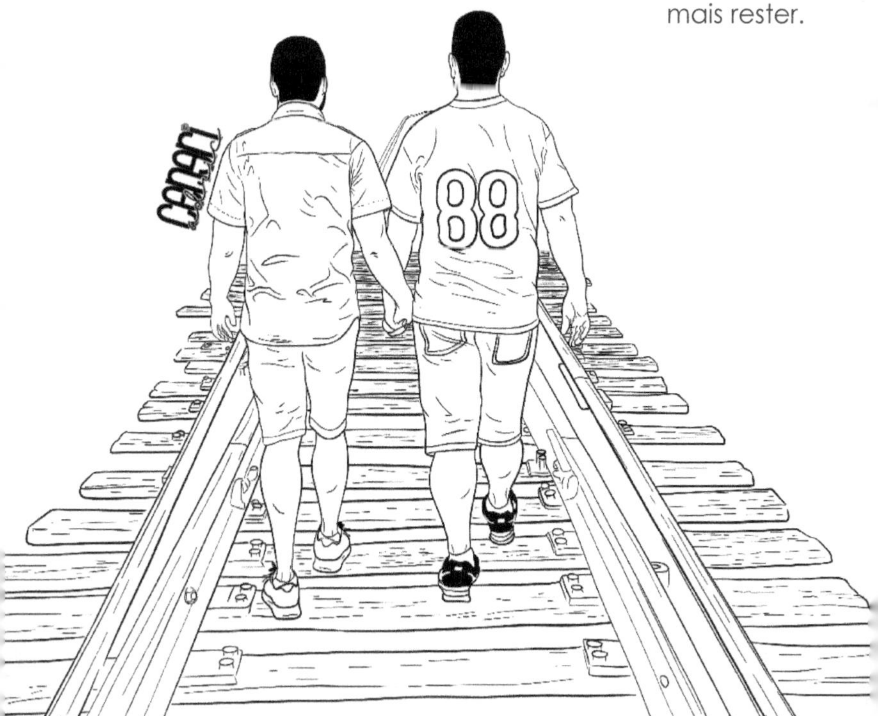

Inutile de pleurer,
mieux vaut aimer.
La vie apportera des tempêtes,
mais elles ne nous briseront pas.
Nous lutterons pour notre bonheur,
car tu seras toujours
mon unique amour véritable.

Laisse-moi te montrer
qui je suis vraiment.
Fais-moi croire
que l'amour n'a pas été vain.
Dis-moi que tu resteras à mes côtés,
même lorsque la vie se fera plus dure,
car le monde est rude
et tu es mon refuge sincère.

Je choisis ton amour,
alors emmène-moi où tu veux.
Cette fois, je suis mon chemin sans crainte,
car je sais que tu marcheras avec moi.
Et tu le sais…
au fond de toi, tu sais que c'est vrai.

CŒUR PALPITANT

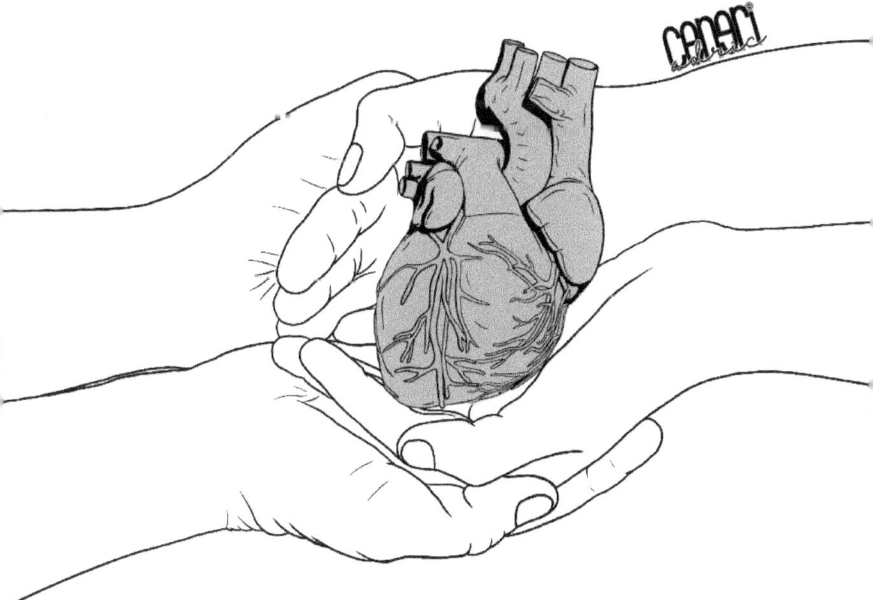

— SANS AUCUN DOUTE

Sans aucun doute, je suis tombé amoureux.
Je ne sais comment,
mais j'ai renaît.
Peut-être était-ce le dîner,
ou la promenade en ville…
mais sans aucun doute,
mon cœur ne cesse de battre.

Notre première nuit
sur ce boulevard.
Ton regard et mon sourire
qui se croisent dans ce bar.
Tu m'as sauvé
d'une solitude sans fin
et tu as retrouvé
ce que j'avais enfoui des années plus tôt.

Je sais qu'il est trop tôt
pour penser à l'après,
mais tout ce que je veux,
c'est être là où tu es.
Tu as été le plus
beau cadeau
de mes vingt-six ans,
la première rose rouge
qui m'attache
à tes pas.

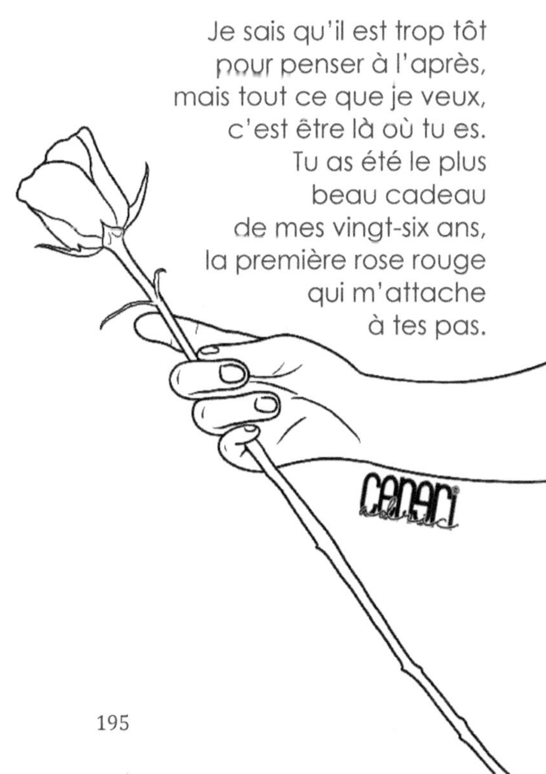

Sans aucun doute, je t'aime,
je le sais.
Ne dis rien,
aime-moi simplement
et laisse-toi aimer.
C'était le week-end,
le film et ton regard...
sans aucun doute,
ce sont tes baisers
qui m'ont éveillé.

Tes bras et les miens
tournoyant comme une valse,
emmêlés dans le lit,
à tourner sans fin.

Sans te chercher, je t'ai trouvé,
et je ne compte pas te lâcher.
Je pars avec toi
vers l'infini
et un peu au-delà.

Je n'ai peur de rien
si tu es près de moi.
Peu importe si c'est trop tôt,
je ne veux que toi.
Mon sourire s'élargit
chaque fois que je pense à toi.
Il n'y a rien d'autre en ce monde :
mon monde,
c'est toi.

Aujourd'hui, à vingt-six ans,
je te le dis sans mentir :
tu me rends heureux.
Non pas parce que tu veux l'entendre,
mais parce que je l'ai ressenti.
Je veux écrire mille poèmes
et te les lire pour te voir sourire.
Je veux t'aimer sans mesure,
car avec toi,
je veux vivre.

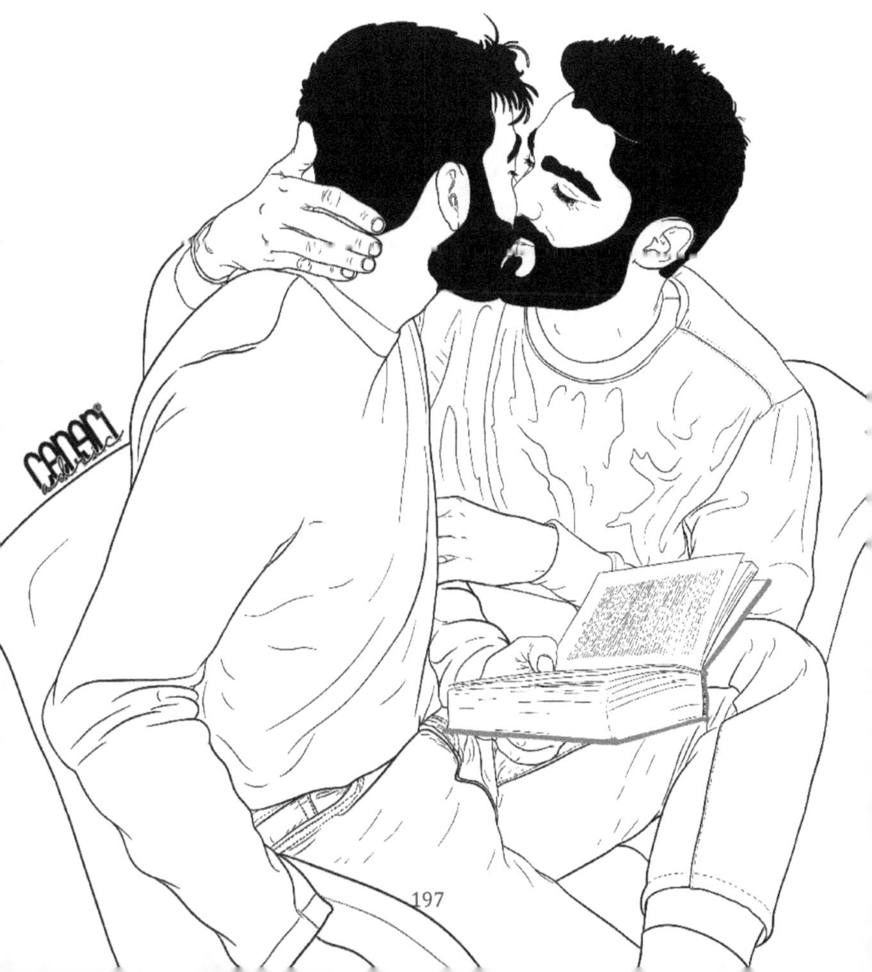

— AIME-MOI

Aime-moi fort,
aime-moi lentement.
Dis-moi que je suis ton amour
quand je m'éveille en silence.

Tu me manques quand je m'endors,
ton absence pèse sur mes jours.
Sois mon amour,
sois mon refuge,
ne me lâche pas maintenant,
sans toi tout paraît fragile ici.

Permets-moi de te toucher,
de te garder près de moi.
Unissons nos âmes
et aimons-nous sans réserve.
Laisse-moi te remercier,
car grâce à toi, je suis devenu moi.

Mon regard te cherche
avec foi et dévotion.
Je sais que je ne rêve pas,
je sais que tu es près de moi.
Tu es réel,
et tu m'aimes
comme je t'aime aussi.

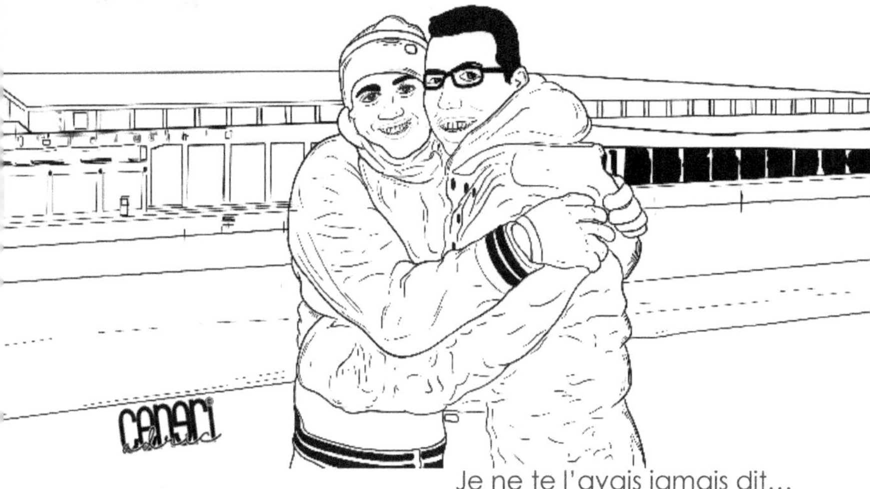

Je ne te l'avais jamais dit…
je n'avais pas encore vécu.

Je ne savais pas ce qu'était la vie
avant de te rencontrer.
Tu as fait de moi ce que je suis aujourd'hui.
Merci de m'avoir rendu le souffle,
la paix
et le cœur.

Reste avec moi,
sois mon courage tranquille.
Mon amour, je t'adore,
ne t'en va pas.
N'éteins pas ce feu :
aime-moi
comme je t'aime.

Sois mon amour,
mon trésor précieux.

— JE T'AIME

Je t'aime,
je t'aime, mon amour.
Je t'aime endormi,
accroché au silence,
je t'aime sans bruit
comme on aime rarement.

Je t'aime même avec tes douleurs.
Je t'aime doux et paisible,
reposant contre l'oreiller.

Je t'aime quand tes caresses
atteignent mon âme.
Je t'aime sans préjugé ni condition,
je t'aime tel que tu es —
ainsi, tu es juste pour mon cœur.

Tu habites tout ce que je suis.
Il n'y a rien en toi
que je voudrais changer.
J'aime chaque éclat de ta raison.
Je t'aime tant
que ta présence m'est essentielle,
tant que sans toi
mon cœur manquerait d'élan.

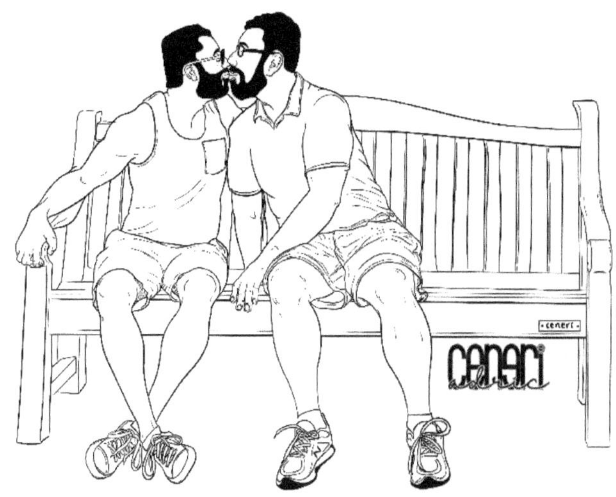

Je t'aime, je le jure.
Je t'aime quand la solitude
te frôle en silence.

Je t'aime quand tu es à moi
dans la plus douce des calmes.
Je t'aime chaque fois que je te retrouve,
tout près, à l'aube.
T'aimer comme je t'aime…
les mots n'y suffisent pas.

Il n'y a rien en toi que je jugerais.
Je comprends chaque trace
de ton histoire imparfaite.
Je t'aime tant
que tu es ma joie,
cette émotion durable
qui a trouvé sa place dans mon cœur.

— JE SUIS AMOUREUX

Je suis amoureux
chaque fois que j'entends ta voix.
Je suis amoureux
quand ton regard atteint
le centre de mon cœur.

Je sais, sans l'ombre d'un doute,
que je suis amoureux.
Pour toi, je porte encore mes failles,
pour toi, j'apprends à reconnaître
quand je me trompe.
À tes côtés, je comprends mes erreurs
et j'apprends à ne pas répéter
les mêmes faux pas.

Je suis amoureux
parce que tu me fais confiance.
Je suis amoureux
parce que je sais
que tu m'aimes d'un amour sincère.

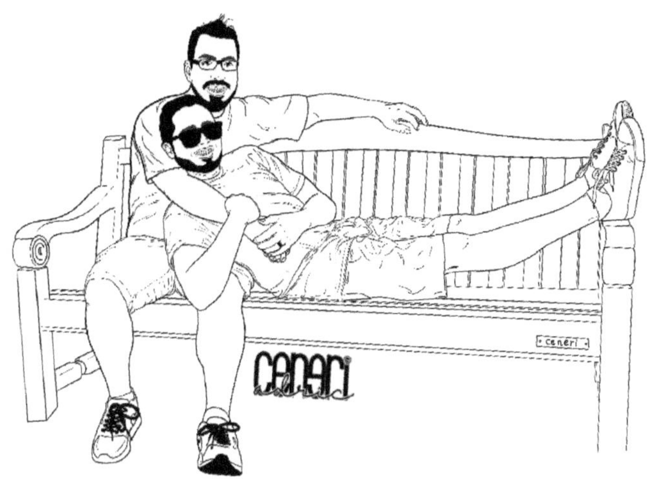

Tu me complètes
de mille façons possibles.
Par ton amour, tu m'apaises.
Je pourrais dire que tu as réparé
les fissures de mon cœur.
Je suis blessé, c'est vrai,
mais quand tu es près de moi,
la douleur s'éloigne sans bruit.

Je suis amoureux,
et j'ai besoin de connaître ton choix.
Savoir que tu ne partiras pas, mon amour,
que tu restes aujourd'hui avec moi
et que, ensemble,
nous avancerons au fil des années.

Je suis amoureux
quand tes bras me réchauffent.
Et quand tu t'éloignes,
tu me manques —
car ta présence m'est précieuse.

Je suis amoureux
même lorsque je me sens perdu.
Tu m'offres toujours ta main
et tu me tires hors du vertige.

Tu es l'une des plus belles choses
qui me soient arrivées.
Peut-être la plus complexe,
mais avec toi, tout prend sens.
Je te le promets :
comme toi, il n'y a personne d'autre.
C'est pour cela que je t'aime
et que je choisis
de suivre ton chemin.

Je suis amoureux,
et c'est mon choix.
Je veux t'offrir mon cœur
si tu restes avec moi aujourd'hui —
ici, dans le présent,
toi et moi.

— TU ES MON DÉLIT

Quand enfin tu liras
tout ce que j'ai écrit,
écoute simplement mon amour.
Pour moi, tu comptes infiniment.
Tu me rends heureux.
Je t'aime, mon amour :
tu es la couleur de ma vie,
le sourire sur mon visage.

Aujourd'hui, je sens que tu m'aimes ainsi,
pleinement, profondément.
Tous les souvenirs si beaux
que tu m'as offerts, je les garderai.
À tes côtés, mon amour,
je te jure
qu'il n'existe pas de lieu meilleur.
Je te le dis face à toi,
sans détour.

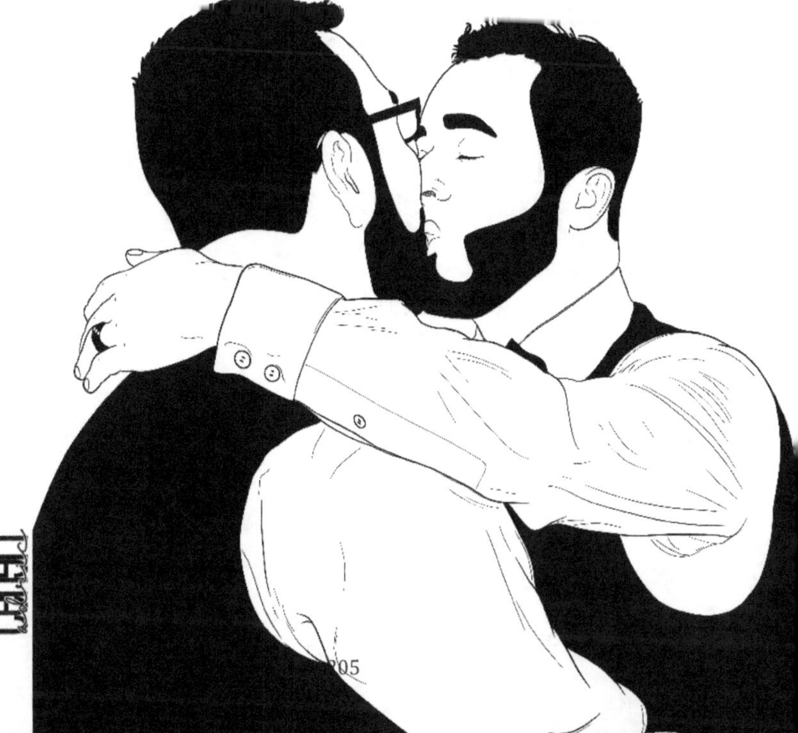

Voilà mon délit.
Je te le lis en attendant mille baisers,
car près de toi je me sens entier.
Tu as comblé mon cœur.
Voilà mon délit :
tu es ce que j'aime le plus,
et je choisis ce pacte essentiel —
t'aimer, librement, mon amour.

Je te promets qu'il n'y a pas mieux que nous.
Toi et moi.
Ensemble, nous pouvons avancer.
Écoute-moi te le dire :
voilà mon délit.
Je te le lis avec l'envie de te voler un baiser,
en espérant que tu me gardes près de toi,
et que mon cœur trouve en toi
un lieu où rester.

Tu es mon délit,
même si la religion l'appelle péché
et que la société peine à comprendre
que s'aimer est la joie
qui traverse mon cœur.

Tu es mon délit,
et je n'ai besoin de rien d'autre.
Je veux être avec toi,
sans nous éloigner
de notre promesse d'amour.
Je te choisis comme tu me choisis,
aujourd'hui et demain,
mon amour.

— AMOUREUX

Ainsi, sans prévenir,
comme jamais auparavant.
Tu as transformé mon cœur
et gagné mon amour.
Je ne sais comment tu l'as fait,
mais je le sais sans douter :
c'est toi
que j'attendais de voir arriver.

Je le sens —
je tombe amoureux.
Je marche enfin sur un sol sûr,
porté par des sensations lumineuses.
Amoureux de celui qui embrasse mon âme,
de celui qui m'a libéré
d'une route trop longue.

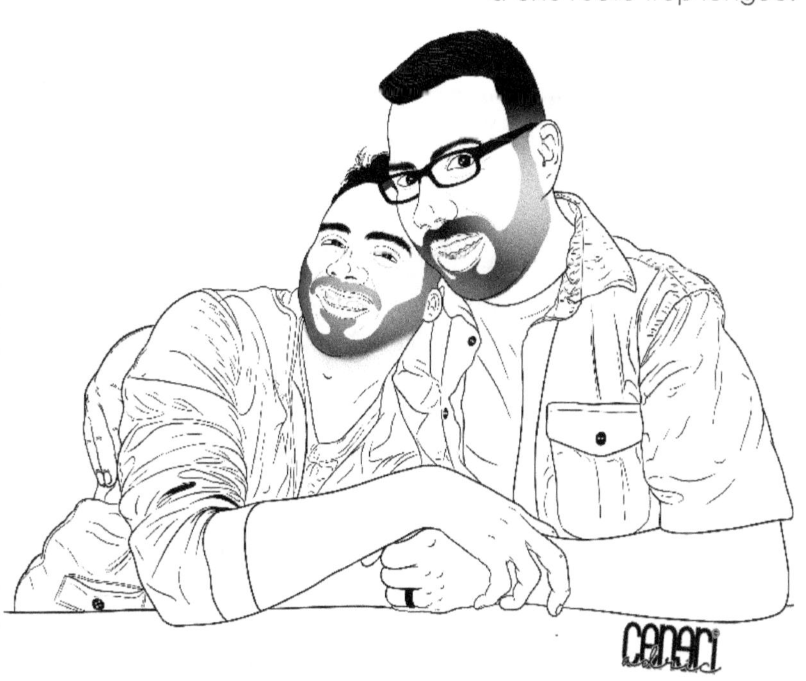

Dès aujourd'hui, dans mon cœur,
tu es destiné à régner avec douceur.
Et même lorsque tu es loin,
je pense à toi tout au long du jour.
Tu m'offres des pages blanches
pour écrire l'amour,
tu me tends la promesse
d'un monde meilleur.
Ton amour est l'encre de ces lignes, mon amour,
et je veux donner durée
à notre histoire à deux.

Je sais que c'est tôt,
mais je le vois clairement.
C'est toi que je veux près de moi,
toi que je choisis de protéger.
Chevalier de mes projets et de mes rêves,
tu es l'inspiration
de ma poésie la plus sincère.

J'aime que tu m'aies trouvé.
Et souviens-toi, mon amour :
je suis toujours prêt
à t'offrir mon cœur.
Emmène-moi toujours avec toi
vers notre refuge d'amour.

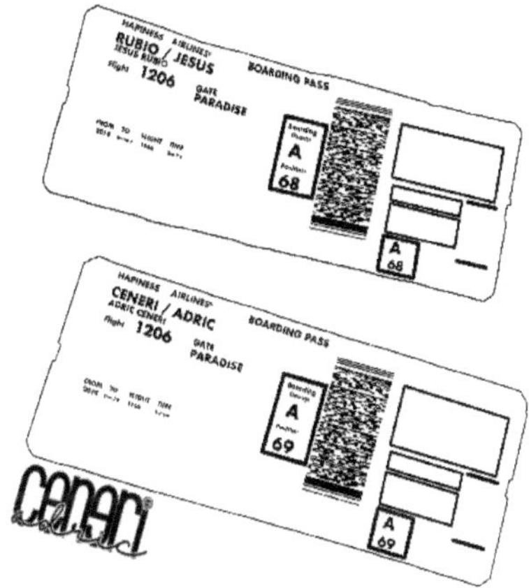

— **DÉCEMBRE**

Si un jour j'oublie ton nom,
souviens-toi que c'est de toi que je suis tombé amoureux.
Tu seras toujours cet homme
à qui j'ai confié mon âme et ma vie.
Et si je t'écris ce poème,
c'est pour que tu le relises,
au cas où un jour tu douterais
de combien, et comment, je t'ai aimé.

Mais aujourd'hui, tant que je peux encore te parler,
tant que je peux encore t'aimer ainsi,
fais-moi confiance et prends ma main.
J'ai deux billets pour partir :
Bogotá,
Quito,
Rome,
Londres
et Le Caire.

Avec toi, je veux parcourir la terre entière
et apprendre mille façons d'être.
Laisser l'espérance fleurir
et voir ensemble, mille fois, l'aube renaître.

Qu'importe si c'est Vienne
ou si la route mène au Québec ?
Les soucis comptent peu
quand tu marches à mes côtés.

Avec toi seul, je veux danser la vie.
Me réveiller près de toi, toujours pareil.
Mon amour pour toi grandit avec les années,
sans hâte, sans fin.

Ta neige apaise le tumulte de mes pensées.
Les dimanches sont parfaits au réveil,
car je m'éveille toujours près de toi.
Je veux t'offrir le temps figé
dans notre éternel décembre.
À tes côtés, mes peurs se dissolvent,
et je reviens, enfin, au présent.

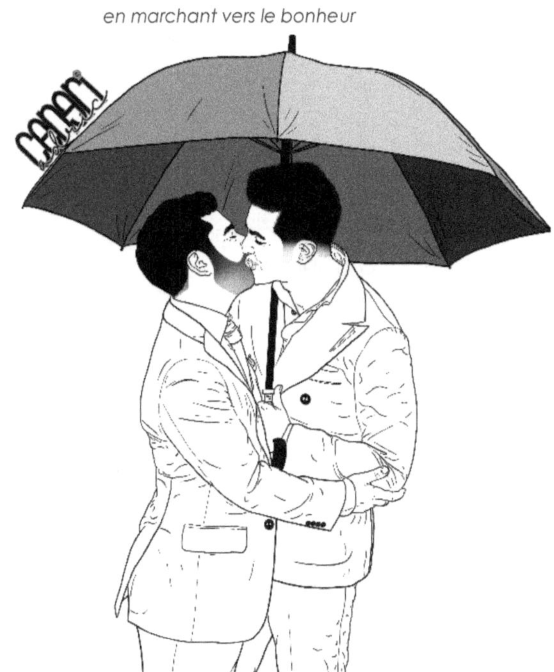

Courons sous la pluie,
embrassons-nous sous le ciel mouillé.
Les parapluies sont inutiles
si ton bras soutient le mien.

Si je te confie toute ma vie,
ne méprise ni le cuivre ni l'or.
Rien ne me fera franchir cette porte :
je te choisis
imparfait et noble.

Je suis tombé amoureux de tes défauts,
de tes gestes sincères.
Puisses-tu m'aimer comme je t'aime :
avec loyauté,
sans peur.

— SE SOUVENIR

Le dîner dans ce bar-là
fut le début de nous deux.
Je me suis perdu dans ton regard
qui, sans prévenir, a conquis mon cœur.

Et aujourd'hui,
des années plus tard,
nous sommes toujours là, à nous aimer davantage.
Nos projets, peu à peu,
deviennent réalité.

Le temps passe,
passe…
collectionnant des souvenirs à garder.
Notre amour grandit,
grandit…
à travers les gestes
que nous savons nous offrir.

Tout amour peut se fatiguer,
mais nous avons trouvé la raison :
semer l'espérance,
la confiance
et la compréhension.

Qu'il est beau de se souvenir
de cette promenade sur le boulevard,
mais plus beau encore est de bâtir
un avenir qui choisit de rester.

Chaque aube, un baiser,
et avant de dormir, un autre encore.
Mon cœur sourit de t'avoir
depuis le jour où je t'ai trouvé.

Le temps passe,
passe…
et nous offre une nouvelle chance.
Notre amour grandit,
grandit…
avec les attentions
et les étreintes que tu me donnes.

C'est un travail sans fin,
mais sa récompense est précieuse :
la présence,
le soutien
et l'appui de nous deux.

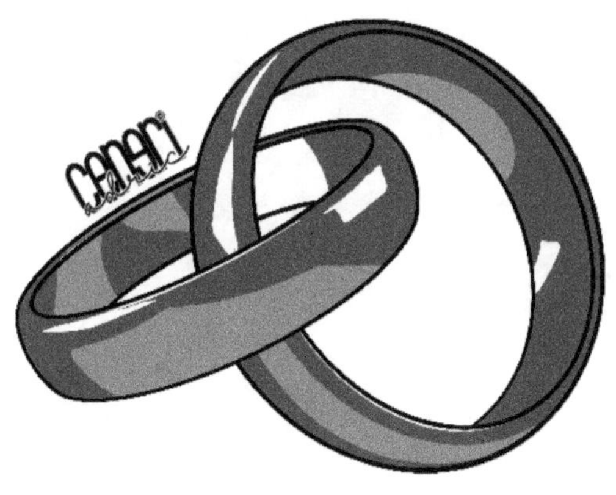

Nous sommes-nous égarés ?
Peut-être, toi et moi.
Nous ne sommes pas parfaits —
souviens-toi de ce qu'on nous disait :
« *Seuls les courageux*
misent tout par amour. »

Nous avons choisi de ne pas renoncer,
de lutter pour être meilleurs chaque jour :
quand nous parlons,
quand nous écoutons,
quand nous nous comprenons sans nous blesser.

Car l'amour grandit,
grandit…
quand nos lèvres se cherchent.

Car la peur s'éteint,
s'éteint…
quand il n'y a ni doute ni rancœur.

Car le temps s'efface,
s'efface…
mais il nous laisse une histoire au cœur.

Car l'âme vieillit,
et dans sa sagesse
apprend enfin le pourquoi.

Il est toujours doux de se souvenir
des instants qui passent.
Plus encore lorsqu'ils sont nombreux
et me font sourire en revenant.

Ce sont ces moments heureux
que je veux continuer à créer.
Et dans l'avenir,
à tes côtés,
m'en souvenir en souriant —
en sachant que nous sommes toujours là,
à nous aimer.

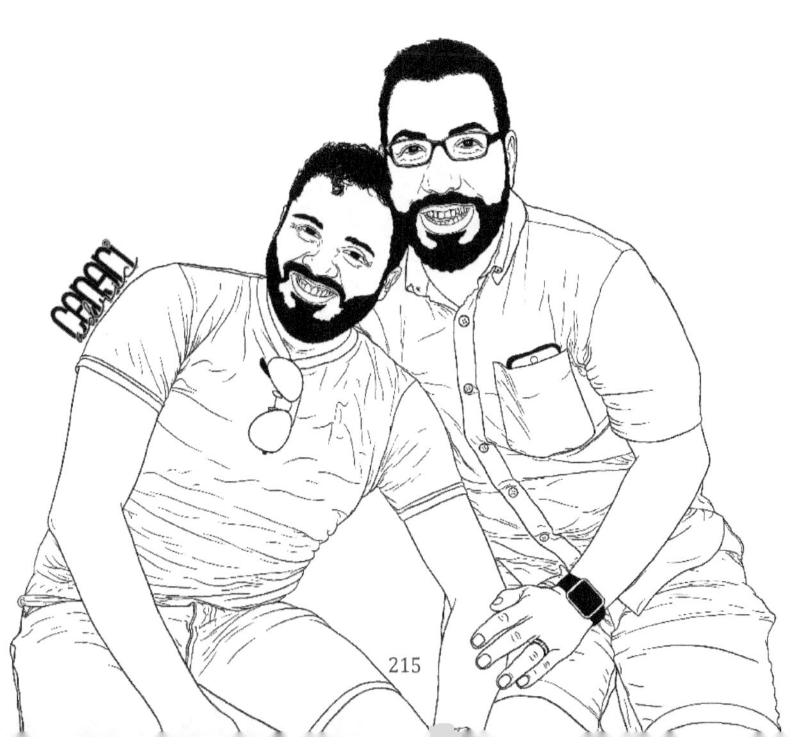

— SANS AUCUN DOUTE, MON AMOUR

Les instants d'aujourd'hui
seront demain des souvenirs d'hier.
Je le sais.

À toi, je me suis donné.
J'ai cru en nous
et je ne me suis pas trompé.
C'était le destin —
tu le vois bien.

J'ai tout misé sur l'amour,
et je vois que toi aussi.
Ensemble,
à lutter jusqu'au bout.

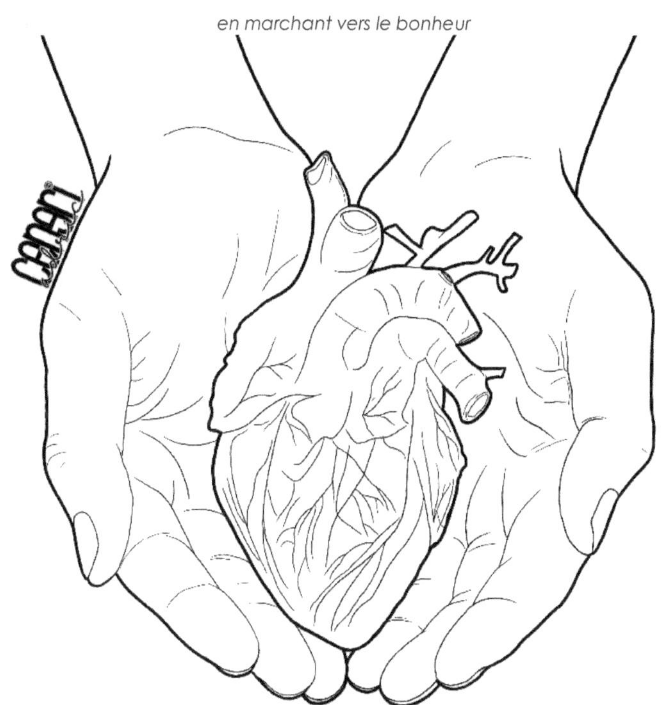

Je t'aime, sans avoir à l'expliquer :
toi, tu m'aimes vraiment.
En nous aimant ainsi, tout devient possible.

J'ai misé mon âme
et je t'ai offert mon cœur.
Des baisers chaleureux
qui me comblent d'amour.
Je t'ai donné ma vie
et tu lui as donné un sens.
Ce ne sont pas que des mots :
tu es mon inspiration.

Je t'ai aimé
et tout a changé.
Et malgré tout,
je t'aime sans aucun doute, mon amour.

Je suis tel que je suis,
inutile d'en dire davantage.
Lis simplement —
voilà qui je suis.

Jour de l'amour et de l'amitié,
toi et moi,
à nous aimer davantage.
Parcourant le monde
sans jamais regarder en arrière.

Je t'aime
et aujourd'hui je veux le dire,
parce que tu me rends heureux
sans hésitation.
Je sais que ces lignes
tu sauras les garder,
mon amour.

J'ai tout misé
et j'ai laissé la raison de côté.
Mes sentiments
sont à toi, mon amour.
J'ai tout quitté
pour tes baisers, pour ta passion.
Ces mots
jaillissent du cœur.

Je t'aime avec dévotion,
je t'adore sans condition.
Sans aucun doute,
mon amour.

— TU M'AIMES

Tu m'aimes
quand tes mains parcourent
lentement mon dos.
Quand tes baisers
adoucirent entièrement mon âme.
Quand je te regarde dans les yeux
et que tu me comprends
sans dire un mot.
Tu me le confirmes.

Le temps continue de passer,
et avec lui grandit ce que je ressens pour toi.
Je serais capable de te donner ma vie
sans le moindre regret.
Je te le dis ici, maintenant,
parce que je le peux :
je t'aime.

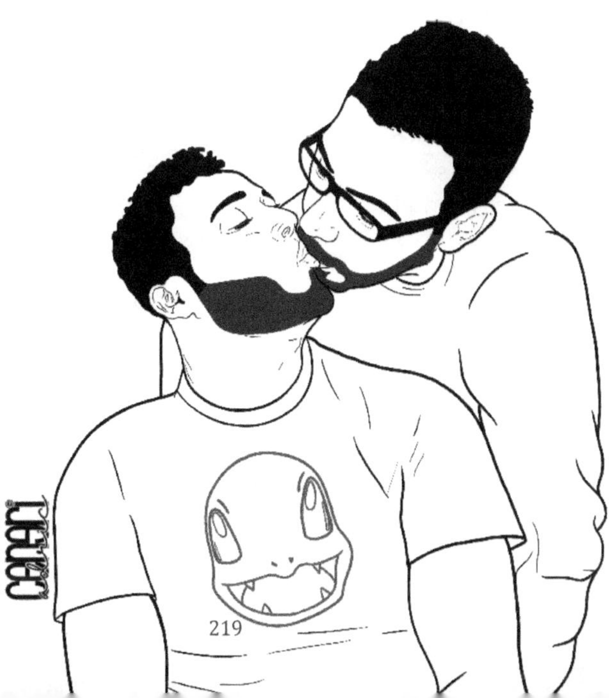

Merci de ne pas avoir laissé
nos doutes l'emporter.
Parce que tu sais lire dans mes yeux
tout ce que mes lèvres taisent.
Je te le dis lentement en t'embrassant,
en murmurant que notre amour
suffit amplement.
Dès ce premier rendez-vous nocturne,
j'ai su que tu m'aimerais
comme personne ne l'a jamais fait.

Je t'aime,
mais pas dans un passé qui s'enfuit.
Je ne t'aime pas
dans un présent qui se dissout.
Encore moins dans un futur
fait uniquement de promesses.

Je t'aime maintenant.
D'un amour infini,
sans limites ni horloges.
Un amour sans distances,
sans égos ni conditions.
Un amour de compréhension profonde,
de promesses déjà tenues,
parce qu'elles se vivent.
Sans attentes,
depuis cette nuit où tu es arrivé
et où nos désirs se sont rencontrés.

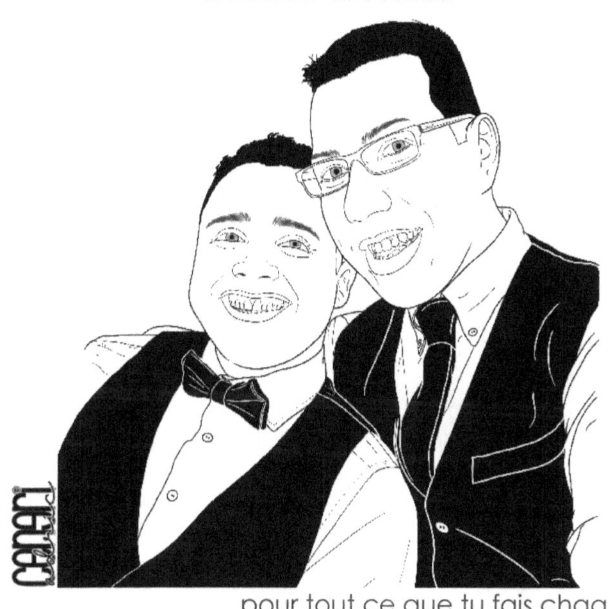

Merci
pour tout ce que tu fais chaque jour,
de la nuit au matin.
Parce que toi seul connais
ce que parfois mon âme ne nomme pas.
Parce que je sais que tu le comprends
quand je t'embrasse
et que je te regarde dans les yeux
en te disant « je t'aime »
comme on n'aime presque plus.
D'un amour profond comme l'océan
et infini comme les galaxies.

Je promets de t'aimer
au-delà de la vie et de la mort,
parce que c'est toi
qui as donné vie à mon cœur.

Je promets de me battre pour cet amour
avec un courage constant,
car je sais qu'un amour comme le nôtre
n'existe qu'une fois.

Je sais que tu m'aimes.
Et je t'aime sans le dire,
sans l'expliquer,
sans le crier.
Notre amour est unique,
il ne se compare pas,
il se suffit à lui-même
tant que nous nous avons.
Depuis ce premier rendez-vous nocturne,
je le savais :
tu m'aimais.

Aujourd'hui, tu m'épouses.
Nous ouvrons un nouveau chapitre.
Nos vies, accordées au même rythme.
Gardons cet instant
pour le chérir dans l'avenir.
Car je t'aime irrévocablement,
sans mots,
et je veux que tu m'aimes toujours
comme je te promets de t'aimer,
jusqu'au bout.

— IL Y AURA TOUJOURS UN NOUS

Nous ne sommes plus ce que nous étions jadis.
Ni les mots égarés,
ni les souvenirs qui ont blessé.
Notre passé ne nous définit pas :
il nous a seulement menés jusqu'ici.

Toujours serein
quand je te parlais de mes tempêtes,
et toi, souriant, tu me disais
que tu veillerais sur mes rêves
jusqu'à l'aube.

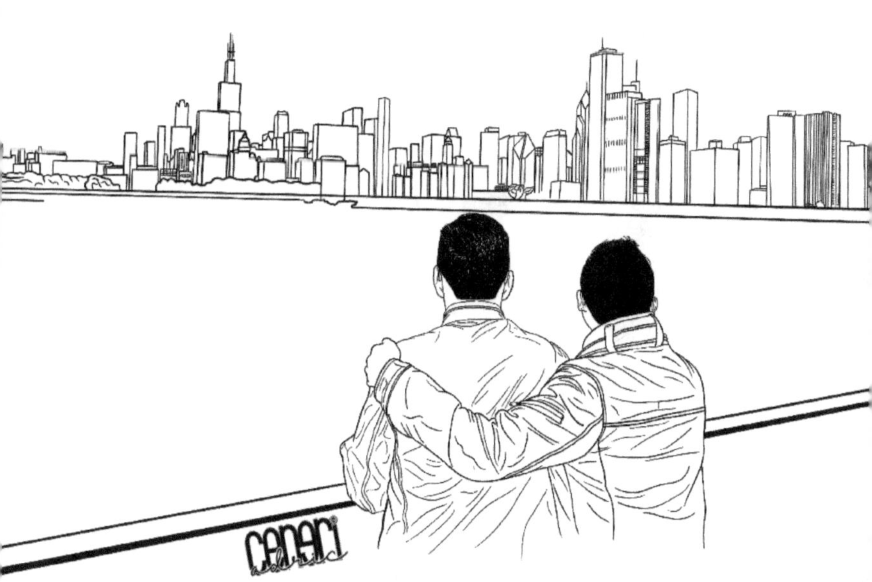

Quand tu me serres dans tes bras,
la tristesse n'a plus sa place.
Tes baisers m'emplissent de lumière
et la solitude se retire en silence.
Je n'ai plus besoin de questions
ni de réponses :
je suis avec toi jusqu'au bout.

Ne me fais pas de nouvelles promesses.
Lis ces lignes
et comprends :
je t'aime plus qu'hier.
Et tandis que les heures passent,
mon amour grandit sans peur,
avec la paix de celui qui sait
qu'il est enfin rentré chez lui.

Nous sommes simplement deux âmes
qui ont choisi de rester.
C'est pourquoi
il y aura toujours un nous.
Nous sommes le poème du jour,
un amour qui n'a pas besoin de fin.

Notre amour n'est pas fait
pour ceux qui ne savent pas ressentir.
Nous sommes un feu conscient,
deux amants éveillés,
un vers écrit avec vérité.
Entre des chansons douces
et des dîners lents,
je vois la vie nous offrir
des raisons de continuer.

Et il ne reste qu'une question,
posée sans hâte,
sans pression,
sans peur :
veux-tu unir ta vie à la mienne
jusqu'à la fin ?

Si ta réponse est oui,
je n'ai pas besoin de m'enfuir loin.
Il me suffit de marcher avec toi,
de découvrir des paysages dans ton regard,
d'habiter le monde
comme un foyer partagé.

Car peu importe le lieu
ou la distance :
il y aura toujours un nous.

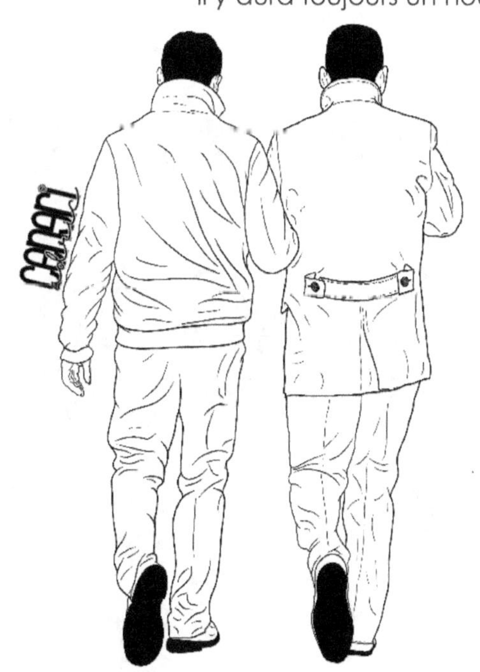

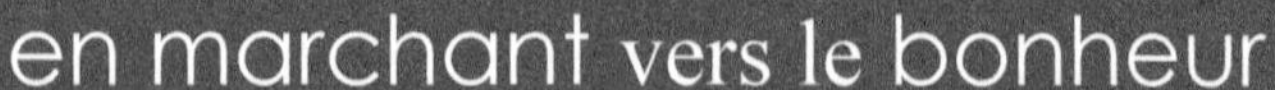

en marchant vers le bonheur

REMERCIEMENTS

À mes lecteurs.
À mon éditeur et à mes collaborateurs.
À mes créateurs.

— ADRIC CENERI

À mes lecteurs :

Je tiens à vous remercier pour votre soutien indéfectible,
pour la valeur que vous accordez à mes écrits,
et pour m'accompagner toujours,
en lisant chaque mot que je publie…

◉ @adricceneri

Merci de faire partie de mon parcours, de ma vie, et d'élever sans cesse mes poésies. Il n'existe pas de mots assez justes pour exprimer la profonde gratitude que je ressens d'avoir pu atteindre quelque chose que je n'aurais jamais imaginé possible. C'est grâce à vous, belles âmes, que je reste motivé et déterminé à aller toujours plus loin dans la vie.

Je remercie également tous mes amis poètes de la communauté Instagram pour leur soutien constant et pour l'amour qu'ils portent à mon art. Je me sens profondément béni de vous avoir rencontrés dans cet espace et d'avoir croisé vos chemins ici. Beaucoup d'entre vous m'inspirent bien plus que je ne saurais l'exprimer, m'encourageant chaque jour à devenir un meilleur poète et un meilleur artiste, tout en restant authentique et fidèle à mon essence.

De tout cœur,
mille mercis.

À mon éditrice :

Je ne peux pas exprimer pleinement ma gratitude pour la dévotion, le professionnalisme et le soin avec lesquels tu as travaillé à l'édition de ce livre. Ton regard critique, tes conseils et tes révisions minutieuses ont permis d'affiner mon œuvre et de l'amener à sa meilleure version.

Yareli Chávez, je veux que tu saches à quel point je suis profondément satisfait du résultat de ta lecture et de ton travail éditorial. Ton attention aux détails, ta clarté et ton engagement envers l'excellence ont dépassé mes attentes. Je n'aurais pas pu choisir une meilleure éditrice pour ce projet.

Tu m'as appris plus que je ne saurais l'exprimer avec des mots. Je te suis sincèrement reconnaissant pour ta critique constructive et pour la manière dont tu m'as aidé à renforcer ma voix et à élargir ma vision en tant qu'écrivain et auteur. Merci pour ton temps, ta patience et le soin attentif que tu as consacré à ce manuscrit.

Je suis immensément fier du résultat final, et une grande partie de celui-ci te revient grâce à ta précieuse contribution.

À mes contributeurs :

Je souhaite adresser une reconnaissance toute particulière à mon amie **Yolanda Velázquez** pour sa précieuse contribution à la correction et à l'affinage de cet ouvrage. Merci de m'avoir accompagné tout au long de ce processus et d'avoir travaillé à mes côtés, en étroite collaboration avec ma poésie, lors de la relecture de ce livre. Ton temps, ton engagement et ton attention ont permis à ce projet d'atteindre sa meilleure version.

Ce fut un honneur de travailler avec toi. Ce livre représente bien plus que ce que les mots peuvent exprimer : il est mon histoire, mes émotions et le fruit de nombreuses heures de réflexion, de créativité et de dévouement. Ton soutien dans la concrétisation de ce projet occupera toujours une place particulière dans mon cœur.

Je tiens également à remercier mon époux, **Jesus Rubio**, pour avoir été à mes côtés à chaque étape du chemin. Merci pour ta patience face à mes idées sans fin, pour avoir cru en mes rêves et pour m'avoir offert l'espace nécessaire afin de les poursuivre. Merci d'avoir lu, relu et contribué à peaufiner ce livre, ainsi que pour le temps et l'amour que tu as investis dans un projet qui me rapproche un peu plus du bonheur que j'ai toujours recherché.

Merci pour ton soutien constant, pour la valeur que tu accordes à mes mots et pour la compassion dont tu as fait preuve en découvrant le passé difficile que j'ai traversé. Pour tout cela et bien plus encore, je suis reconnaissant de me réveiller chaque jour à tes côtés. Tu donnes sens, force et inspiration à ma vie, et tu fais que chaque chemin que nous empruntons ensemble en vaille pleinement la peine.

À mes créateurs :

Je souhaite vous remercier de m'avoir donné la vie, pour les gènes qui ont rendu mon existence possible. Sans vous deux, je ne serais pas ici. Je sais que nous venons d'un milieu dépourvu d'éducation, marqué par la pauvreté et le manque. J'aurais souhaité que vous fassiez de meilleurs choix. J'aurais voulu que vous pensiez à vos enfants, qui en avons payé les conséquences. Mais la vie n'offre pas de seconde version.

Père,

Je n'ai pas grand-chose de plus à dire. J'aurais aimé que tu m'aimes sans conditions, sans attentes, et sans l'ignorance qui a transformé le temps passé avec toi en souffrance. Malgré tout, je te remercie de m'avoir montré clairement ce qu'est l'absence. J'espère qu'avec le temps, tu trouveras la paix dans ton cœur. De mon côté, j'essaierai de pardonner, même si je sais que l'oubli ne sera peut-être jamais possible.

Mère,

Je t'aime. Merci d'avoir cru en moi et d'avoir toujours donné le meilleur de toi-même, dans la mesure de tes possibilités. Aujourd'hui, je sais que lorsque la vie t'a éloignée de moi, ce n'était pas un choix. Les circonstances nous ont séparés, et j'ai porté le poids de cette absence. J'ai vécu la douleur, le jugement et la condamnation d'être un enfant sans sa mère, et pendant de nombreuses années, je t'en ai tenue responsable.

Pendant longtemps, j'ai pleuré en silence, portant le rejet et le ressentiment d'un village qui m'a vu souffrir. Encore aujourd'hui, une part de cette douleur demeure. Au fond, je sais que ce n'était pas ta faute, mais ton absence m'a laissé vulnérable. J'étais fragile, seul, et mon cœur s'est brisé sans remède. On a semé la haine en moi, et ma vie est devenue une lutte pour survivre. Je résistais encore et encore, en attendant le jour où tu reviendrais me chercher.

Aujourd'hui, j'ai décidé d'avancer dans une autre direction, en construisant ma propre joie de vivre. Je t'aime, maman, malgré tout ce que j'ai traversé. Je partage ces mots non pour te blesser, mais parce que je ne peux plus les porter seul. Ma vie a changé pour le mieux, même s'il m'a fallu attendre deux décennies pour y parvenir.

Maman, je veux te laisser ceci : ne cesse jamais de rêver, ne cesse jamais de vivre et n'abandonne jamais. La vie est un cadeau qui nous enseigne à travers l'erreur et la force. Elle est ce que nous en faisons. J'espère qu'un jour nous pourrons être, au moins, de bons amis, puisque le lien mère-fils n'a jamais pu guérir entièrement. Je reste reconnaissant pour le bien que tu m'as donné et je n'oublierai jamais les souvenirs de nous, avant que la tragédie ne vienne assombrir mes rêves. Tu seras toujours ma mère, mon héroïne, et moi, je serai toujours ton fils.

À PROPOS DE L'AUTEUR

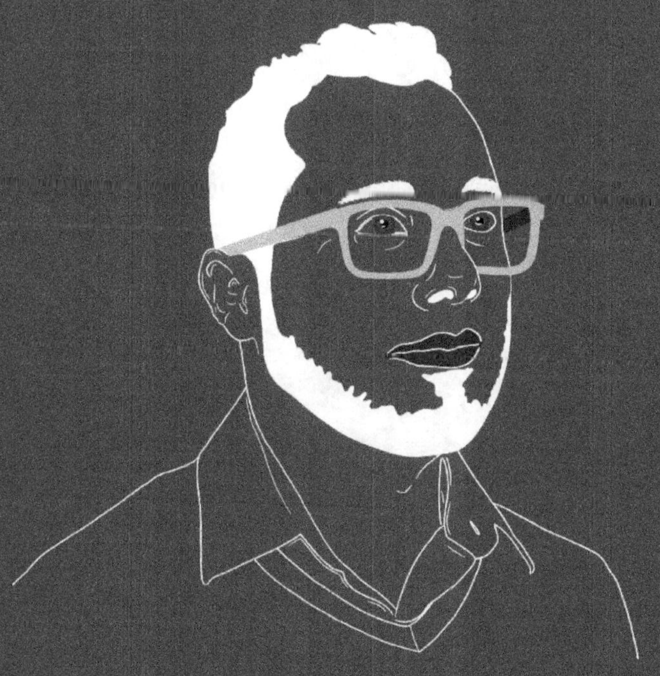

Adric Ceneri est un artiste, poète, écrivain et auteur dont l'œuvre est façonnée par l'expérience vécue et la vérité émotionnelle. Né au Mexique, il a passé sa petite enfance sur la côte du Pacifique, où il a été élevé par ses parents jusqu'à l'âge de cinq ans. Après leur séparation, il a dû faire face à des circonstances qui ont profondément marqué son identité et défini le cœur émotionnel de son travail.

Sa poésie explore la douleur, la survie, l'identité et la sexualité, transformant des blessures personnelles en expression artistique. Ceneri écrit avec une voix honnête et rebelle, convertissant des émotions brutes en langage poétique tout en restant farouchement authentique en tant qu'artiste. À travers une narration intime et évocatrice, son œuvre donne forme à la souffrance, à la résilience et à la quête de sens.

En août 2003, il a émigré aux États-Unis à la recherche de stabilité et de paix, après avoir traversé une période de profond bouleversement émotionnel. Bien qu'il ait survécu, les séquelles ont laissé des marques durables sur son développement personnel et créatif.

L'écriture est devenue son refuge. Pendant le lycée, il a commencé à écrire dans la solitude après les cours, utilisant le langage comme un moyen de survie tout en apprenant l'anglais dans un environnement inconnu. Parallèlement, ses études artistiques lui ont permis de découvrir une nouvelle manière de traiter le traumatisme. Depuis, l'art et l'écriture sont devenus les fondements de sa vie.

En 2010, après des années de refus éditoriaux, il a auto-publié son premier recueil de poésie, *My Poetry: The Remains of a Human*, qui a reçu un accueil positif et lui a permis de réaliser des lectures publiques et de développer son lectorat.

Son œuvre *P.E.D.R.O.: Deep Emptiness* a ensuite été acceptée pour publication comme premier volet d'une série de romans prévue en quatre livres. En raison de contraintes de production, le projet a été interrompu. L'œuvre est prévue pour être relancée après 2026 sous le titre *PEDRO*.

Avec plus de vingt ans d'écriture et plus d'une décennie en tant qu'auteur publié, l'œuvre de Ceneri comprend *My Poetry: The Remains of a Human* (2010), *En Marchant vers le Bonhuer* (2026- french edition) et sa collection la plus récente, *If You Ever Felt Too Much* (2026). Il a également développé une série de journaux thématiques inspirés de *Walking Towards Happiness*.

Il collabore actuellement avec Magesoul Publishing, aux côtés de son fondateur Carlos Medina et de l'équipe exécutive, afin de soutenir et de valoriser les voix de la communauté poétique.

En plus de l'écriture, Ceneri est un artiste visuel. Il a conçu les couvertures d'ouvrages tels que *It Hurts*, *Survival* et *Healing*, la première trilogie d'anthologies de Magesoul Publishing, ainsi que pour d'autres auteurs. Il a également contribué avec des œuvres inédites dans chaque volume et continue de développer des projets littéraires visuels et de traduction.

Site web :

www.adricceneri.art

Instagram:
@adricceneri

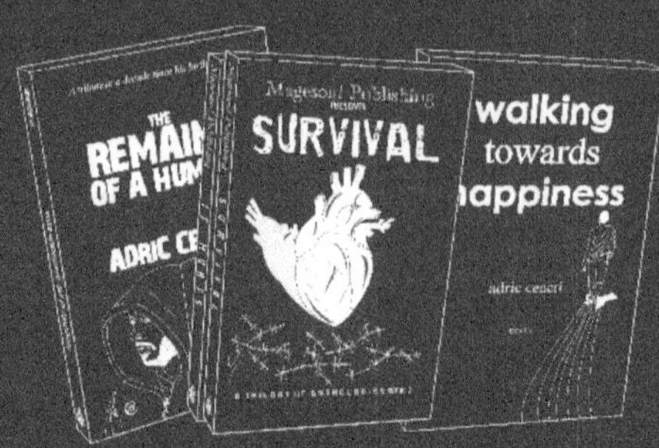

AUTRES LIVRES DE

ADRIC CENERI

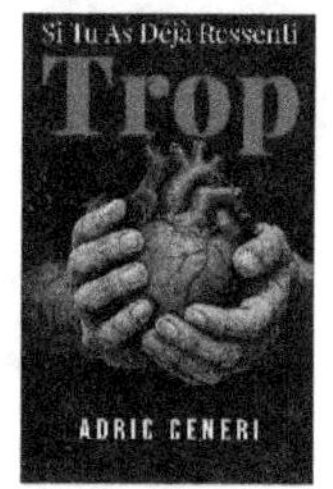

Si Tu As Déjà Ressenti Trop
Disponible également en EN | ES | IT | PT

Si Tu As Déjà Ressenti Trop
Que signifie tout ressentir… et continuer malgré tout à avancer ?

Si Tu As Déjà Ressenti Trop est un recueil de poésie intime et profondément humain qui explore le désir, l'identité, le chagrin d'amour et le poids silencieux des émotions que nous portons souvent seuls.

À travers des vers bruts et lyriques, Adric Ceneri t'invite dans un voyage façonné par la vulnérabilité et la réflexion—un chemin qui va de la douleur à la compréhension, et de la solitude à la connexion.

Divisé en quatre mouvements émotionnels, ce recueil se déploie à travers :

• des blessures inexprimées et des combats silencieux
• des réflexions nées dans la solitude
• l'intensité de l'amour, du désir et de l'identité
• et la tendresse que l'on trouve simplement dans le fait d'être vu

Alliant simplicité et profondeur émotionnelle, ces poèmes capturent des instants fugaces, des luttes intérieures et le désir universel d'être compris.

Cette édition conserve certains poèmes en espagnol, honorant la voix de l'auteur dans sa forme la plus authentique.

Pour ceux qui ont déjà ressenti trop…
ou pas assez—
ces pages auront le goût d'un refuge.

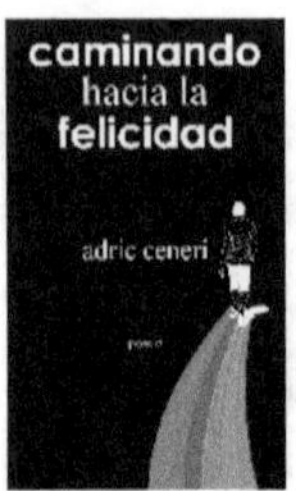
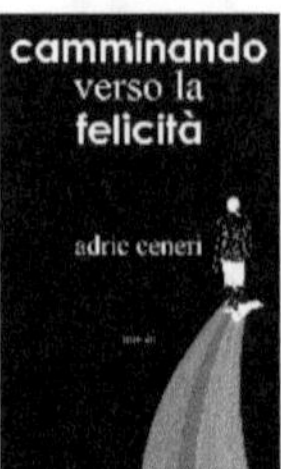
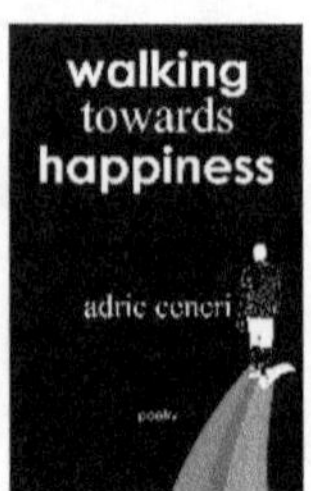
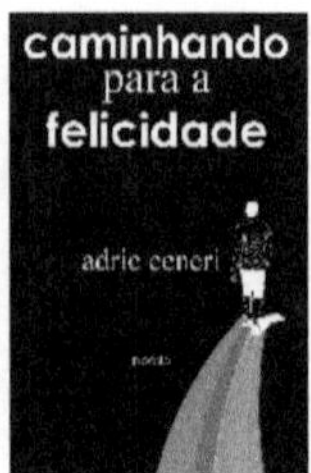

Disponible dès maintenant sur on <u>Amazon.com</u>
Walking towards happiness
Disponible également en EN | ES | IT | PT

JOURNAUX *par Adric Ceneri*

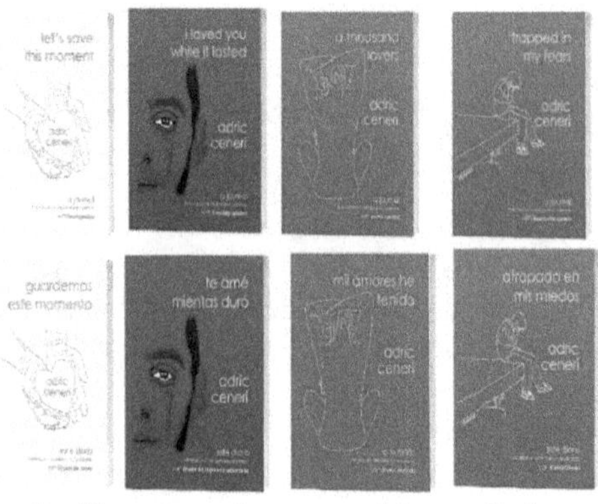

Ces journaux, articulés autour de quatre thèmes distincts, intègrent un calendrier flexible et sans dates, conçu pour s'adapter à votre rythme quotidien et vous permettre de les compléter jour après jour avec vos projets, vos objectifs et vos tâches en attente.

Pour les cœurs romantiques : *Guardemos este momento.*
Pour les cœurs brisés : *Te amé mientras duró.*
Pour les cœurs passionnés : *Mil amantes.*
Pour les cœurs blessés : *Atrapado en mis miedos.*

Le calendrier intègre des phrases inspirantes ainsi que des esquisses artistiques inspirées de mon livre *en marchant vers le bonheur*, transformant chaque page en un espace de réflexion, d'intention et de développement personnel.

Disponibles dès maintenant sur <u>Amazon.com</u>

ANTHOLOGIES
par Magesoul Publishing
présentant Adric Ceneri

IT HURTS - disponible dès maintenant sur Amazon.com

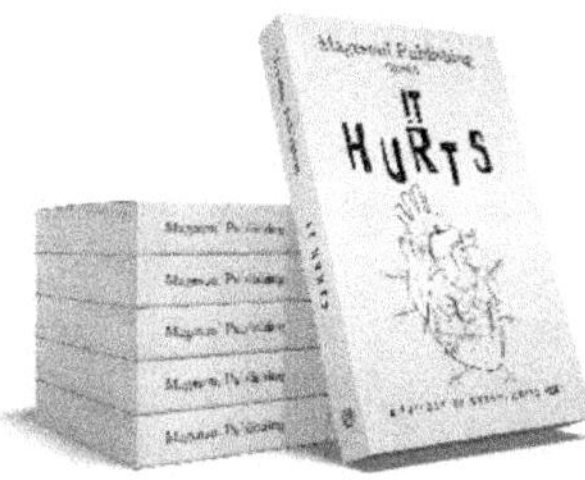

Une collaboration de quinze écrivains qui partagent leurs émotions, leurs expériences et, surtout, leur âme à travers les mots. Nous sommes tous passés par là. Cela fait partie de la condition humaine. Chacun de nous porte une histoire, mais toutes ne sont pas entendues. Trop souvent, nos voix sont réduites au silence.

It Hurts est une anthologie unique qui rassemble les expériences vécues de quinze auteurs qui, à travers leurs chapitres individuels, offrent des interprétations profondément personnelles de ce que signifie réellement la douleur.

SURVIVAL - disponible dès maintenant sur Amazon.com

À tout moment de notre vie, il est inévitable de faire face à l'adversité — parfois supportable, parfois… totalement insoutenable. En tant qu'espèce ayant évolué sur des milliers d'années, la persévérance est une caractéristique intrinsèque de l'être humain ; la volonté de continuer, quels que soient les obstacles rencontrés, fait

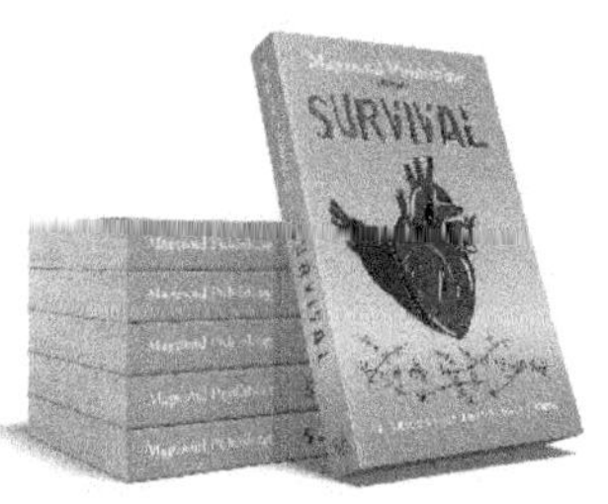

partie de notre essence. En ces temps incertains, où les âmes du monde entier semblent suspendues aux fils fragiles de l'espoir, nous présentons *Survival*. Deuxième anthologie de la Trilogie de MageSoul Publishing, cette œuvre réunit les expériences vécues de vingt-cinq écrivains, tissées en témoignages puissants de détermination, de résilience et de courage face à l'adversité.

HEALING – À PARAÎTRE– AVRIL 2026

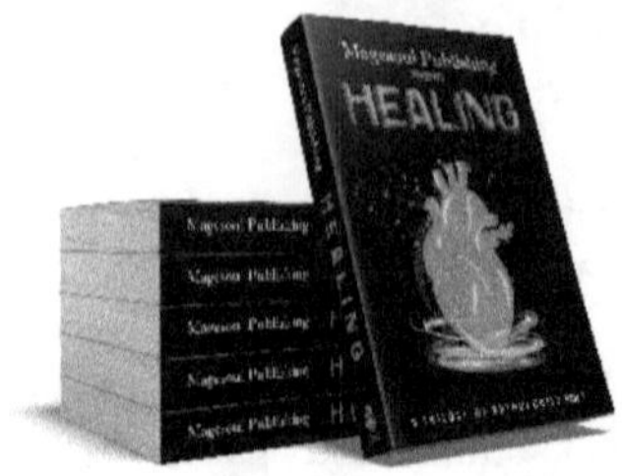

Nous traversons tous de nombreuses étapes au cours de notre parcours personnel. Dans la lutte pour notre propre survie, arrive un moment où il ne nous reste d'autre choix que de faire preuve de courage et d'espérer quelque chose de meilleur. Il nous faut d'abord comprendre que nous ne sommes pas ce que l'on nous a fait ; nous sommes des survivants, en quête d'une chance de retrouver la paix et l'amour. Guérir, c'est reconstruire ce qui a été brisé, un jour à la fois. *Healing* est la dernière anthologie de la Trilogie de MageSoul Publishing. Avec la participation de treize écrivains courageux, cette collection est empreinte d'espoir et de force, nous rappelant que la paix et le réconfort sont possibles, et qu'un jour, nous pouvons à nouveau nous sentir entiers.

AUTRES LIVRES DE
Magesoul Publishing 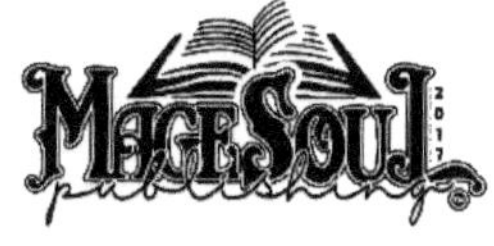

Par CARLOS MEDINA

Phases of the Soul

Precious Pain

Cremating Past

Eternal Devotion

Seeking the Unknown

When my Soul Cries

Rebirth

Whiskey Tears – Erica Varela

The Wilted Walls – Kristin L Provenzano

The Side Effects of L – Alex Le'Gare

Timeless Depths – Erica Varela

Anchoring Me – Nicole Hartley

The Side Effects of L – Alexander Le'Gare

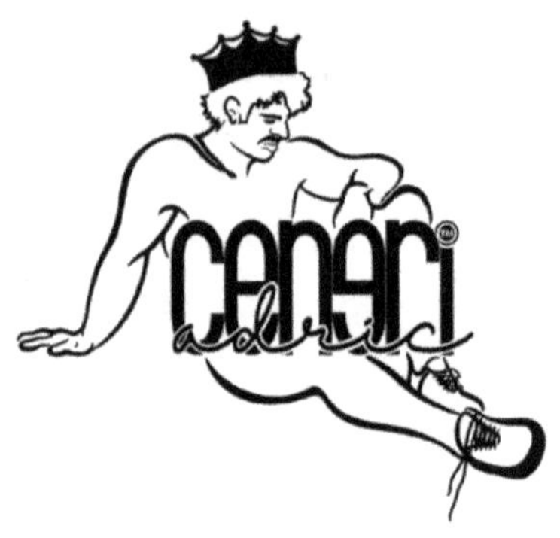